Reiner H. Nitschke · Der Motorrad-Reiseführer

Reiner H. Nitschke

DER MOTORRAD- REISEFÜHRER

ERLEBNIS-HANDBUCH FÜR TOUREN UND ABENTEUER

new book edition

Das Umschlagfoto zeigt den
Marble Canyon in Arizona (USA).
Das Vorsatz-Foto entstand auf
den Trollstigen bei Andalsnes (Norwegen).
Der Nachsatz zeigt die XL 500
in Kebili (Tunesien).

Alle Fotos in diesem Buch von
Reiner H. Nitschke
Landkarten von Michael Henneberger
Redaktion Ingrid Stimmer

ISBN 3-87943-891-9
4. Auflage 1988
© by new book edition
Reiner H. Nitschke
Alte Schule, 5489 Dümpelfeld
Nachdruck in Wort und Bild,
auch auszugsweise, nur mit
Erlaubnis des Verlags
Lithographie: Industrie Offsetrepro, Stuttgart
Satz: Fotosatz Rothaug, Adenau
Druck: Görres-Druckerei, Koblenz

Inhalt

Vorwort

Grob gemalt, teilt sich das Lager der Motorradreisenden in zwei Hälften. Die einen bereiten sich intensiv vor, haben jeden Tag schon vorprogrammiert, schleppen kiloweise Reiseführer mit sich — die anderen negieren jede Art von Planung und Organisation, fahren auf Teufel komm raus, lassen sich unterwegs treiben. Beides Extreme, die sich allzuoft auch noch gegenseitig als Spießer oder Chaoten belächeln.

Beide Seiten haben ihr Gutes. Für viele von uns fängt die Reiselust schon daheim über der Landkarte an. Ich zum Beispiel bin ein ausgesprochener Karten-Fan. Für mich können diese nicht exakt genug sein. Je kleiner und verwegener die eingezeichneten Straßen aussehen, umso mehr beflügeln sie meine Phantasie, wecken sie das Reisefieber. Ich finde auch gar nichts dabei, mir schon am „grünen Tisch" Gedanken zu machen, ob man diese oder jene Etappe an einem Tag oder mit einer Tankfüllung schaffen kann. So habe ich schon manche Reiseroute ausgearbeitet, konnte sie dann aber aus irgendwelchen Gründen nicht realisieren.

Ich reise seit 15 Jahren mit dem Motorrad. Habe dabei gut eine halbe Million Kilometer zurückgelegt. Auf Autobahnen und Landstraßen, Schotter und Wellblech. Je nach Geldbeutel, Situation, Lust und Laune nächtigte ich im Wüstensand, auf Autobahnparkplätzen, in Stadthotels, im Zelt, bei Freunden oder auch mal im Rettungsboot eines Fährschiffs. Mal hatte ich präzise Strecken ausgearbeitet, Tagesetappen abgesteckt, mal habe ich mich von Gewitterfronten treiben oder von Naturschönheiten locken lassen. Es gab leichte Touren, auf denen ich mich schon tagsüber auf „Coq au vin und Côtes du Rhône" freute und es gab Höllenritte, die nach zehn Stunden Wellblechpiste nur noch den sehnlichsten Wunsch nach dem Schlafsack aufkommen ließen.

Wie man sieht, kann man auf höchst unterschiedliche Weise selig werden. Trotzdem würde ich das Fazit ziehen: so viel Spontanität wie möglich, so viel Organisation wie nötig. Die Gewichtung beider Extreme wird sicher auch von der Zeit beeinflußt. Wer über mehrere Wochen oder sogar Monate verfügt, braucht weniger zu planen. Wer nur drei Wochen Urlaub optimal nutzen will, kommt ohne ein gewisses Maß an Planung nicht aus. Auch hierfür soll dieses Buch Hilfestellung geben.

„Gestern war einer dieser Tage, an denen man fährt und fährt, wie unter Zeitdruck. Die einzige erwähnenswerte Unterbrechung war wieder mal eine Reifenpanne... Manchmal wird das Erreichen eines bestimmten Punktes auf der Landkarte aus irgendeinem unerfindlichen Grund so wichtig, daß man darüber den eigentlichen Sinn einer Reise ganz vergißt. Wenn man dann über so einen Tag etwas aufschreiben will, stellt man ernüchtert fest, daß man Kilometer gefressen hat und dabei nicht 'satt' geworden ist."

Thomas Hoerz in seiner Reportage „16.000 km auf dem Weg ins Paradies" (Motorrad Reisen 10/11 1981).

I. DIE ALPEN

Viele von uns träumen von amerikanischen Highways, von der Sahara oder vom weiten Australien und vergessen darüber ganz, daß sich die vielleicht schönste Motorradregion unmittelbar vor unserer Tür befindet: die Alpen. Erstaunlich viele Motorradfahrer verbinden mit dieser Landschaft nur die Vorstellung von Wintersport und sommerlichen Auto-Karawanen. Dies mag auf große Teile – speziell der Schweizer Alpen – zutreffen, doch für den Kenner bietet das gewaltige Gebirgsmassiv einmalige Erlebnisse. Gewiß sind fast alle Gebiete zersiedelt, doch noch immer existieren einsame Hochtäler, in denen man sich beim wilden Zelten vorkommt wie in asiatischen Hochebenen oder nordamerikanischen Steinwüsten. Von den zahllosen Paßstraßen, auf denen man als Motorradfahrer echter König ist, gar nicht zu reden. In diesem Buch finden Sie zwei Tourenvorschläge, die man durchaus auch verbinden kann. Allerdings sollte man dafür mindestens drei, am besten vier Wochen Zeit haben. In jedem Fall ist es fast unmöglich, alle Eindrücke in so kurzer Zeit zu verarbeiten. Das intensivere Erlebnis wird derjenige haben, der sich auf eine Tour beschränkt. Langweilig wird es mit Sicherheit nicht, da es überall aufregende Möglichkeiten für Extra-Touren gibt. Wohl dem, der dann ein leichtes Motorrad oder sogar eine Enduro zur Verfügung hat.

Sicher ist es für viele Fahrer kein Problem, auch auf kurvigen Landstraßen täglich 500 Kilometer zu „machen". Doch aus eigener Erfahrung weiß ich, daß man nach höchstens 300 Kilometer schon „satt" ist. Man kann die Eindrücke gar nicht mehr verarbeiten, im Falle einer Alpentour am Abend gar nicht mehr die Pässe auseinanderhalten. Nur die spektakulärsten bleiben in Erinnerung. Kommt dann noch Urlaubsverkehr hinzu, womit man sich im August leider abfinden muß, kann die Sättigung sogar noch viel früher eintreten. Herrliche Paßstrecken werden unter Umständen zur Qual. Man ist praktisch nur noch damit beschäftigt, sich von einem Auto zum anderen vorzukämpfen. Da bleibt dann nur noch der Trost, daß in einem PKW alles noch viel schlimmer wäre.

Die Ostalpen im August meiden

Diese Warnung gilt vor allem für die Ostalpen-Tour, die ich für den August beim besten Willen nicht empfehlen kann. Wer zwischen den grandiosen Dolomitenwänden kurven möchte, sollte dies möglichst schon im späten Juni oder erst Anfang September unternehmen. Etwas günstiger sieht es da schon in den Westalpen aus. Die großen französischen Pässe sind doch so abgelegen und wohl auch so wild, daß sich der Auto-Tourismus (wohlgemerkt im Vergleich mit Südtirol) in Grenzen hält. Während die norditalienischen Paßhöhen denn auch eher Jahrmarkt- und Rummelcharakter haben, kann man in Frankreich froh sein, wenn man in luftiger Höhe wenigstens einen Sandwich bekommt.

Die Ostalpen-Tour

Der Guzzi-Fahrer schaute uns etwas verstört an, während seine schweigsame Sozia leicht zitternd vor dem Kaminfeuer Platz nahm. „Wißt ihr, ob es auf der anderen Seite wieder genauso holprig runter geht?", fragte er uns dann mit einem Anflug von Verzweiflung in der Stimme. Das gute Pärchen mit dem Sonntagnachmittagsgepäck hatte sich ganz offensichtlich auf den Gavia verirrt. Immerhin, die vom Regen aufgeweichte Südrampe des Passo di Gavia zu zweit auf einer Straßenmaschine zu bewältigen, ist schon ein starkes Stück. Der Gavia ist nämlich ein Leckerbissen alpinen Straßenbaus, der unvorbereiteten Fahrern ganz schnell im Halse stecken bleiben kann. Die Italiener taten daher gut daran, die Südseite mit einem strikten Verbotsschild zu markieren. Die harmlosere Nordzufahrt ist hingegen frei.

Der Gavia ist ein Leckerbissen alpinen Straßenbaus

Kurz hinter dem Bergdörfchen Pezzo steht das weiße runde Schild mit rotem Rand. Es soll nur klarstellen, daß man ab sofort auf eigene Verantwortung weiterfährt. Wer Pech hat, muß im Ernstfall sogar mit Versicherungsschwierigkeiten rechnen. Es gibt im unteren Teil Schotter-Passagen, die ganze 1,80 Meter breit und stolze 18 Prozent steil sind, und die in unschöner Regelmäßigkeit in verschlammte Spitzkehren münden, die man mit Stummellenker und großem Tankrucksack nur im Busfahrerstil überlisten kann. Es ist bloß fraglich, ob man nach dem Zurücksetzen mit einer Straßenbereifung wieder vom Fleck kommt. Begreiflich, daß nur Endurofahrer an diesem Extrem-Anstieg rechte Freude haben.

Versöhnt werden alle Mutigen in jedem Fall durch eine grandiose unberührte Landschaft. Im mittleren Teil, dort wo die Militärstraße der senkrechten Felswand abgerungen worden ist, sorgen sogar Eisenpfosten für die Senkung des Adrenalinspiegels, so daß man immer öfter einen Blick in die Tiefe wagen darf. Bevor die letzten nunmehr harmloseren Kehren zur Paßhöhe von 2621 Metern emporschwingen, breitet sich links ein sattelförmiges Hochtal aus, das abrupt in den Abgrund abbricht, aus dem wir uns gerade emporgearbeitet haben. Kein

13

Zweifel, wir sind im Wilden Westen Südtirols. Vergessen der hektische Trubel, der uns noch am Vormittag nervte. Hier herrscht absolute Stille, gestört von höchstens ein, zwei Fahrzeugen pro Stunde.

Gegenüber der alten Gebirgsjäger-Kaserne befindet sich die einzige Übernachtungsmöglichkeit. Rustikal und gemütlich, mit billigen Zimmern. Dafür wird beim Abendessen ein deftiger „Höhenzuschlag" einberechnet, der den Gesamteindruck der Gastlichkeit nachhaltig trübt. Doch Sonnenauf- und -untergang bescheren kostenlosen Genuß, den man mit einem Fuß- oder auch Endurotrip in die umgebende Felslandschaft noch steigern kann. Beim Abschied vom Gavia, der vor San Caterina wieder die Talsohle und damit Asphalt erreicht, sind wir uns in der Hoffnung einig, daß dieses Stück Naturstraße nicht auch noch mit Teer begossen und den Massen ausgeliefert wird. Den Guzzi-Fahrer hätten wir übrigens beruhigen können. Die Abfahrt gen Norden ist wesentlich „komfortabler".

In unserer Ostalpen-Tour stellt der Passo di Gavia die größte Herausforderung unter den Straßen dar, die auf einer normalen Straßenkarte noch als Hauptstraße gekennzeichnet sind. Aber wie gesagt, Asphalt darf man hier nicht erwarten. Den gab es dafür am Beginn der Rundfahrt reichlich. Und das nicht nur auf der Autobahn nach München. Denn auch die Landstraße vom Chiemgau ins Salzburger Land gehört zur „gepflegten" Autoausflüglersorte. Kein Wunder, ist doch die „Deutsche Alpenstraße" ein Produkt des Fremdenverkehrs. Seit Jahrhunderten mangelte es den bundesdeutschen Alpen an einer durchgehenden Querverbindung. Selbst die alten Römer legten nur Trassen in Nord-Süd-Richtung, und die mittelalterlichen Salzstraßen machten gar einen weiten Bogen um die Ausläufer des Gebirges.

So blieb es schließlich den vom Fremdenverkehr heimgesuchten Gemeinden vorbehalten, eine direkte Verbindung vom Bodensee bis nach Salzburg zu schaffen. Ausgesprochen einsam geht es auf diesem touristischen Dauerbrenner natürlich nie zu. Weshalb er eigentlich nicht mehr als Pflichtübung ist, mit der man gleichzeitig auch die lästige Autobahnfahrerei beenden kann. Die erste Ausfahrt auf der Autobahn München-Salzburg bietet sich schon nach 16 Kilometern. Von Holzkirchen geht es am Tegernsee vorbei zum Schliersee und zur öffentlichen „Privatrennstrecke" am Tatzelwurm. Hier wird die ganzjährig befahrbare Touristenstraße unterbrochen. Eine Mautstraße führt dann weiter in die dicht bewaldete Schlucht des Förchenbachs. Wir biegen jedoch am Gasthaus „Zum Feurigen Tatzlwurm" rechts ab und folgen einer schmalen Gemeindestraße nach Oberaudorf. Hier

14

kreuzen wir wieder die Autobahn und durchqueren anschließend einen Zipfel österreichischen Bodens. Rein geographisch betrachtet wäre die Strecke am Walchsee entlang die logische Fortsetzung der Alpenquerstraße, doch dann wäre sie ja nicht „Deutsch". Stattdessen macht die offizielle Route einen weiten Umweg über die bundesdeutsche Autobahn.

In Reit im Winkl stoßen wir wieder auf die Deutsche Alpenstraße, auf der wir nun auch bis zum Obersalzberg bleiben. Unterwegs lohnt sich vielleicht noch ein Stop am Gletschergarten kurz hinter der Einmündung der Bundesstraße 306. Hier haben Eiszeitgletscher markante Spuren im Fels hinterlassen. Von nun an wird es verkehrsmäßig immer enger. Wir nähern uns dem Wallfahrtsort aller Preußen, dem Königssee, einem finsteren, langen Wasserloch, eingeklemmt zwischen den mächtigen Felswänden von Watzmann und Jenner. Sogar fürs Parken muß man hier bezahlen.

Angesichts der alpinen Kostbarkeiten, die uns in den nächsten Tagen weiter südlich begegnen werden, können wir getrost Gas geben und die 24prozentige Steigung zum Obersalzberg erklimmen. Über die mautpflichtige Roßberg-Ringstraße erreichen wir schließlich den neuen Grenzübergang bei Oberau, von wo aus es steil bergab in die alte Salzstadt Hallein geht. Ein grausiges Nadelöhr auf dem langweiligen Weg nach Bischofshofen. Wer hier auf die parallel laufende Autobahn ausweicht, verpaßt nicht viel. Allerdings darf man nicht die Ausfahrt Knoten/Pongau verpassen, die uns nach Bischofshofen führt. Am Ortsausgang rechts kommt endlich ein Wegweiser, der wieder Abwechslung verspricht.

Zuerst schwingen wir am Mühl-Bach entlang durch ein enges, felsiges Tal, bevor ein recht wüstes, durch viele Baustellen gespicktes Sträßchen zum Dientener Sattel emporkrabbelt. Herrliche Blumenwiesen zieren die Hänge unterhalb des Hochkönigs, der mit seinen 2941 Metern ganze 21 Meter niedriger als die Zugspitze ist. Die holprigen und etwas unharmonischen Kurven geben uns einen ersten Vorgeschmack auf das, was uns in den Dolomiten erwartet. Vor Dienten teilt sich die Straße. Rechts geht es hoch zum Filzener Sattel, scharf links folgt eine enge Straße dem Dient-Bach durch eine Schlucht, die vom Holzgeruch eines riesigen Sägewerks erfüllt ist. Direkt hinter einem Bahnübergang stoßen wir auf die 311, die uns in schnellen Kurven oberhalb der Salzach gen Westen bringt.

Schon vor Bruck weisen uns Schilder zur alpinen Sightseeing-Piste, der Großglockner-Hochalpenstraße. Stolze 27 Mark kostete 1982 die

Ein erster Vorgeschmack auf die Dolomiten

15

Maut für Motorräder; genausoviel wie für Autos. Derartige Raubritter-praktiken zeichnen leider alle österreichischen Straßenkonzerne aus. Auch der weiter westlich gelegene Felbertauern-Tunnel kostet genauso viel. Es ist mir unverständlich, warum Motorradfahrer durch dieses 5,2 Kilometer lange finstere Loch fahren, während der Großglockner immerhin einen Gegenwert bietet.

Die Großglockner-Hochalpenstraße gehört ganz sicher zu den landschaftlich schönsten Routen Europas. Fahrerisch stellt die breit ausgebaute Straße allerdings keine hohen Ansprüche. Lediglich einige Kopfsteinkehren erfordern zumindest bei Regen volle Aufmerksamkeit. Eine originelle Reminiszenz an alten alpinen Straßenbau stellt der Abzweig auf die Edelweißspitze dar: Durchgehendes Kopfsteinpflaster führt bis auf den 2577 Meter hohen Gipfel. Die Aussicht von hier oben ist einmalig. Die wilde, hochalpine Landschaft wird lediglich durch die schwungvollen Kehren der weit unten liegenden Paßstraße gestört. Während man im Westen durch die Gletscherkulisse der Großglockner-Gruppe geblendet wird, fällt der Blick im Osten in das 1000 Meter tiefer liegende Tal der Seidlwinkl-Ache.

Die Hauptstraße verläuft nun fast 13 Kilometer in etwa 2300 Meter Höhe entlang, ehe sie sich in den Touristenort Heiligenblut absenkt. In der Maut inbegriffen ist auch der Abzweig zur Franz-Josephs-Höhe, eine reine Touristenstraße zu Füßen des Großglockners, der ja mit seinen 3797 Metern der höchste Berg Österreichs ist.

Höhenrekorde sind auf unseren nächsten Etappen rar. Dafür können wir endlich ausgetretene Massenpfade verlassen. Hierzu müssen wir in Lienz für etwa 20 Kilometer Richtung Felbertauern-Tunnel fahren, um dann bei Huben ins Defereggental gen Westen abzubiegen.

Vor uns liegt der Staller Sattel, ein Grenzpaß, der nur als winzige Nebenstraße auf Landkarten verzeichnet ist. Entsprechend schmal ist auch das Asphaltband, das sich hinter Maria Hilf in schwungvollen S-Kurven den Berghang emporhangelt. Mit einer Sattelhöhe von 2052 Metern erreichen wir gerade die Baumgrenze, bevor ein Schlagbaum die Fahrt unterbricht. Auf der italienischen Seite ist die Abfahrt so eng, daß der Verkehr immer nur einseitig freigegeben wird. Nur 15 Minuten nach der vollen Stunde dürfen wir passieren. Da es gerade fünf vor halb ist, müssen wir 35 Minuten warten. Gerade recht, um das Terrain rund um den kleinen See zu erkunden. Der Abstieg zum Antholzer See, wo der Gegenverkehr schon wartet (er darf von der 30. bis 45. Minute fahren), entpuppt sich als Mini-Paß im Westentaschenformat. Die Hauptstraße 49 verlassen wir sehr schnell wieder in Olang Val-

16

daora. So umgehen wir Brunico und entdecken gleichzeitig eine kurvenreiche Bergstrecke, auf der uns kaum Touristen begegnen. Über den Furkelsattel kann man's richtig laufen lassen. Noch einmal echter Fahrspaß, bevor wir uns in die Kolonne der Dolomiten-Pilger einreihen müssen. Tatsächlich gibt es keine Chance, den Autoschlangen auszuweichen, will man quer durch die Dolomiten zum unbedingt lohnenden Gavia-Paß gelangen. Da die Hauptroute über Brunico, Brixen und Bolzano wohl kaum für einen Motorradfahrer in Frage kommt, bietet sich die 244 zum Grödner Joch an. Hier werden wir wenigstens durch die imposanten Felsriesen für den Touristenrummel entschädigt.

Der Furkelsattel bringt echten Fahrspaß

Corvara ist ein guter Stützpunkt vor der Bummeltour durch die Perlen der Dolomiten. Am Ortsausgang Richtung Arabba liegt rechts die unscheinbare Pension „La Fontana", eine gastfreundliche und preiswerte Alternative zu den vornehmen Ski-Hotels im Rustikal-Look.

Der Passo di Gardena, wie das Grödner Joch auf italienisch heißt, gehört zu jenen Teststrecken, die ganz offensichtlich leider nicht zum Repertoire der Motorradhersteller gehören. Denn die meisten Supermaschinen offenbaren hier ihre Fahrwerksschwächen, geht man die langgezogenen, extrem unebenen Kehren zügig an. Maschinen, die hier noch Spaß machen, kann man an einer Hand aufzählen.

Grödner Joch als Teststrecke

Wer Bergschuhe und Rucksack dabei hat, lebt seit Corvara in ständiger Versuchung, für ein paar Stunden die durchgesessene Sitzbank mit einem ausgetretenen Bergpfad zu tauschen. Die erfahrenen Bergsteiger unter den Motorradfahrern (trifft man erstaunlich oft) werden mit forschenden Blicken an den gewaltigen Felswänden entlangstreifen. Doch hier gibt es kaum einen Flecken, auf denen nicht Bergtouristen auf den Spuren Reinhold Messners kraxeln.

Die bizarren Langkofel-Felsen zur Rechten und die beängstigenden Steilwände des Sella-Massivs zur Linken – vorausgesetzt man dreht den Kopf gen Himmel – passieren wir das Sellajoch, ein mit spärlichem Kiefernbewuchs verzierter Steingarten, in dem sich allerdings die mit Kniebundhosen und Fernglas gerüsteten Bergfans gegenseitig auf die Stiefel steigen. Das ändert sich auch nicht bis Canazei, im Gegenteil: vom Pordoi-Paß her mündet auch noch die Große Dolomitenstraße ein.

In Canazei kann man sich in einem der zahlreichen Cafés beim Espresso in die Landkarte vertiefen. Denn es gilt zu entscheiden, ob man das Zwischenziel Bormio zügig anfahren will, oder ob man Lust und vor allem Zeit hat, die „große Dolomitenschleife" für echte Kurven-

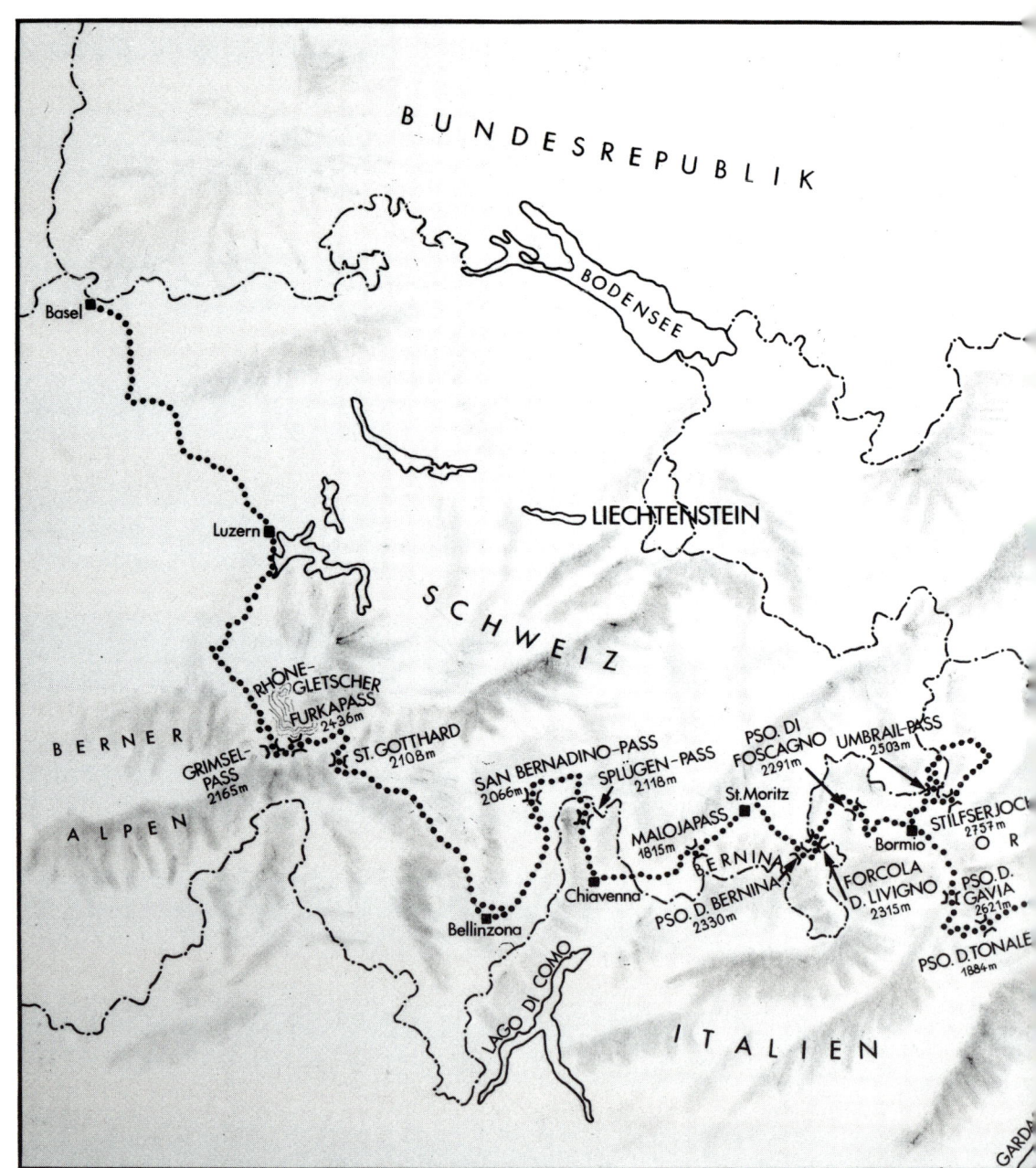

BUNDESREPUBLIK

BODENSEE

Basel

Luzern

LIECHTENSTEIN

SCHWEIZ

RHÔNE-GLETSCHER
FURKAPASS 2436m

BERNER

GRIMSEL-PASS 2165m

ST. GOTTHARD 2108m

SAN BERNADINO-PASS 2066m

SPLÜGEN-PASS 2118m

PSO. DI FOSCAGNO 2291m

UMBRAIL-PASS 2503m

St. Moritz

ALPEN

MALOJAPASS 1815m

BERNINA

STILFSERJOCH 2757m

Bormio

O R

Chiavenna

PSO. D. BERNINA 2330m

FORCOLA D. LIVIGNO 2315m

PSO. D. GAVIA 2621m

Bellinzona

LAGO DI COMO

ITALIEN

PSO. D. TONALE 1884m

GARDA

Die schönsten und höchsten Paßstraßen der Ostalpen

München

D E U T S C H L A N D

CHIEMSEE

Salzburg

TATZELWURM

Reit im Winkel

Hallein

Berchtes-gan.

KÖNIG SEE

DIENTENER SATTEL 1357 m

Ö S T E R R E I C H

Bruck

GROSSGLOCKNER-HOCHALPENSTR. 2505 m

STALLER-SATTEL 2052 m

Lienz

GRÖDNER-JOCH 2137 m

FURKEL-SATTEL 1759 m

SELLAJOCH 2240 m

Corvara

R G R

Bozen

Canazei

MENDELPASS 1363 m

KARERPASS 1752 m

DIE OSTALPEN-TOUR

50 km

Freaks anzugehen. Sie führt über folgende Paßstraßen: Fedaia, Staulanza, Duran, Cereda, Gobbera, Brocon. Um diese Nebenstrecke zu finden, muß man schon einen Maßstab von mindestens 1 : 200 000 bemühen. Der ADAC-Reiseführer Alpenpässe/Alpenstraßen verheißt einiges. Die gesamte Strecke ist für Wohnwagen-Gespanne ungeeignet (was für unsere Routenwahl ja fast schon obligatorisch ist!), mit schlechtem Belag ausgestattet, sehr schmal und teilweise nicht randgesichert.

Tagesziel dieser gewiß anstrengenden Etappe ist der Gardasee, der uns meist auch bei kühlerem Wetter angenehme Temperaturen beschert. Vom Passo di Brocon erreichen wir den Nordzipfel des Sees durch das Val Donega, das Val Sugana, den Passo di Sommo (auf Höhe von Levico links abbiegen) und Rovereto. Wer die Stadt umgehen will, fährt vom Sommo-Paß aus in Folgaria geradeaus weiter nach Calliano, wo man die Brennerautobahn überquert. Von Nomi aus schlängelt sich nun ein ganzes Gewürm schmaler Wege um den Monte Stivo herum. Je nach Orientierung landet man am Lago di Loppia oder in Arco. In jedem Fall sind es nur noch wenige Kilometer bis zum Lago di Garda. Hier erhalten wir Anschluß an das Kapitel „Oberitalienische Seen" ab Seite 61. 100 Kilometer trennen uns nun von der SS 42, die über den Passo del Tonale zur Südrampe des Passo di Gavia führt.

Hier landet auch, wer sich am Sellajoch für die kürzere und wesentlich schnellere Westroute entschieden hat. Sie führt von Canazei aus über den Karerpaß (italienisch Passo di Costalunga) durch Bozen, über den Mendelpaß (Passo di Mendola) zum Passo del Tonale. Die Strecke ist nicht sonderlich reich an Höhepunkten, dafür umso mehr an Autotouristen, speziell im riesigen Weinanbaugebiet südwestlich von Bozen, wo der bekannte aber auch berüchtigte „Kalterer See" herkommt. Für den etwas bläßlich-roten Wein gilt das gleiche wie für Chianti und Valpolicella: Nur verkorkte Flaschen mit der Bezeichnung „Classico", also aus dem Kerngebiet, sind empfehlenswert.

Kurz vor Bozen ein Hauch Arizona

Einen Hauch Arizona birgt die Eggen-Schlucht kurz vor Bozen. Die von den bewaldeten Höhen des Karerpaß kommende Straße zwängt sich hier an roten Felswänden vorbei, die mit ihren rechtwinkligen Abbrüchen wie ein Werk von Menschenhand aussehen. Wer in der schwülen, stickigen Luft Bozens das Bedürfnis nach einer Erfrischung verspürt, aber nicht in das Stadtgewusel hineinmöchte, findet auf der Kalterer Höhe, dicht unter dem Mendelpaß, ein ruhiges und schattiges Plätzchen vor einer Gartenwirtschaft. Hier spricht man übrigens wieder deutsch, was sicher nicht jedem sofort selbstverständlich erscheint, da wir auf der bisherigen Tour schon mehrmals die Sprach-grenze gewechselt haben.

Der Passo del Mendola führt ebensowenig wie der Karerpaß über die Baumgrenze hinaus. Trotzdem weiß er durch seine schwungvolle Straßenführung hoch über dem Ort Kaltern zu begeistern. In Ronzone suchen wir den etwas verzwickten Weg nach Fondo. Die Berghänge sind zu beiden Seiten dicht mit Obstbau bewirtschaftet. Erst am Lago di San Giustina wechselt die liebliche Agrarlandschaft in eine etwas wildere Fjordszenerie, bevor es dann endgültig über eine recht langweilige Passage der SS 42 zum besagten Passo del Tonale geht. Schon oberhalb von Ponte di Legno zweigt die Straße zum Gavia-Paß ab. Reize und Risiken dieser Strecke wurden schon am Anfang dieses Kapitels beschrieben, so daß wir nun gleich einen Sprung von 43 Kilometern gen Norden machen können.

In der Fremdenverkehrsmetropole Bormio kommt man etwas in Zwiespalt. Zu vielfältig sind die Möglichkeiten, unser nächstes Etappenziel, das Oberengadin in der Schweiz, zu erreichen. Man kann so oft man will mit dem Finger über die Landkarte fahren (am besten die General- oder Kompaßkarte), es führt kein Weg dran vorbei: Für alle Delikatessen dieser Region braucht man gut zwei Tage.

Zuerst wagen wir uns an die Pflichtübung einer ganzen Autofahrer-Generation: das Stilfser Joch, höchster Paß der Ostalpen und kehrenreichste Asphaltpassage obendrein. Frühmorgens hält sich der Andrang noch in Grenzen, so daß wir uns zügig dem Ende eines spektakulären Canyons, der von 3000 Meter hohen Felsen gebildet wird, nähern. Gespickt wird das Ganze von einigen mehr oder weniger maroden Tunnels, verunziert am Ausgangspunkt der Kehrenorgie durch ein häßliches Rollsplittwerk. Jetzt geht es in langgezogenen Schleifen (nur 12 Prozent Steigung) kräftig aufwärts, bis wir das Hochtal erreicht haben, von dem der Umbrail-Paß abzweigt. Es ist jedoch durchaus empfehlenswert, noch über die Paßhöhe des Passo di Stelvio bis zum Gasthof „Franzenshöhe" zu fahren. Von hier bietet sich eine prächtige Aussicht auf das Ortler-Massiv mit dem Madatschgletscher, der sich zum Greifen nahe ins Tal hinunterwagt. Auf einer Schotterpiste kann man sogar mit dem Motorrad bis dicht an den Gletscher (in Tirol „Ferner" genannt) gelangen.

Den urwüchsigen Umbrail können wir jetzt von zwei Seiten aus angehen. Wer vom Stilfser Joch die Nase voll hat, wählt die wenig attraktive Schleife über Prato und Glurenza, um in Santa Maria ins Tal der Muraunza aufzusteigen. Kehren-Freaks nehmen sich das 2758 Meter

Pflichtübung Stilfser Joch

Der urwüchsige Umbrail-Paß

21

hohe Joch noch einmal von der Nordseite vor und überschreiten dann an der Grenzstation Cantoniera die Grenze in die Schweiz. Eine Warnung soll nicht unerwähnt bleiben: Zahlreiche Kehren des Stilfser Jochs bestehen aus etwas rutschigen Betonplatten!

Eine abenteuerliche Piste zum Lago di Cancano

Ins Hochtal von Livigno führen von Norden ein enger Mauttunnel (Ampelanlage/Maut ca. 3 Mark) und von Osten die schier endlose Kurverei über den Passo di Foscagno. Um diesen zu erreichen, können wir noch einen recht abenteuerlichen Umweg einbauen. Dieser sei jedoch ausdrücklich nur sehr erfahrenen Leuten mit handlichen Maschinen empfohlen. Von Bormio aus kommend, zweigt die schmale Straße nach dem ersten Tunnel und vor den ersten Kehren der Stilfser-Joch-Straße ab. Es gibt keine auffällige Beschilderung, lediglich ein winziges Holzschild für Wanderer, das zum Cancano See weist. Die Schotterpiste senkt sich sogleich mit zünftigen 30 Prozent Gefälle in das enge Tal hinab, um dann wieder ausgesprochen rücksichtslos emporzukraxeln. Hier begegnen einem in der Regel höchstens Bergwanderer oder einheimische Geländefahrer.

Es folgen nun die Passagen des „no return". Man tut gut daran, sich voll auf die Spur zu konzentrieren, will man nicht von den mittlerweile handballgroßen Schottersteinen in den Abgrund dirigiert werden. Man landet schließlich auf einer Art Kreuzung, wo man auch sogleich den Ursprung dieser „Straße" erahnen kann: Ein zerstörter Bunker ziert den Scheideweg. Rechts geht es auf einem ungewissen Pfad gen Stilfser Joch. Wir fahren geradeaus weiter und erreichen schließlich den Lago di Cancano.

Der Speichersee wird auf beiden Uferseiten von schmalen Pisten gesäumt, die allerdings hinter dem Passo di Fraele nicht mehr weiterführen, also keineswegs bis nach Livigno durchgehen. Der auf guten Karten eingezeichnete Passo di Alpisella ist nicht mehr befahrbar. Wir folgen stattdessen den Schildern zum Passo Torre di Fraele und stehen plötzlich vor einer verfallenen Burg. Von hier haben wir einen prächtigen Ausblick auf die staubigen Kehren, die uns 700 Meter hinab zur Straße nach Livigno führen. Eine rustikale Alternative zweigt in der zweiten Linkskehre unterhalb des Tunnels rechts ab. Der Schotterweg verläuft in aussichtsreicher Höhe am Berghang entlang und mündet in der ersten Kehrenpassage des Passo di Foscagno.

In Livigno kostet das Benzin die Hälfte

Das Beeindruckendste an der Zollfreizone Livigno sind die niedrigen Benzinpreise (etwa die Hälfte wie in Italien!), so daß wir nur den Tank auffüllen und rasch wieder nach Süden steuern. Das Tal liegt über 1800 Meter hoch; alles ist kahl und wie eine Modellbahnlandschaft mit grünen Matten überzogen. Erst die Fahrt über den Forcola di Livigno bietet wieder Abwechslung. Auch wenn sie auf der Landkarte nicht grün markiert ist, gehört die Bernina-Paßstraße zu den landschaftlich schönsten Strecken der Alpen. Während der Abfahrt vom 2323 Meter hohen Paß fällt der Blick immer wieder auf die 4000 Meter hohe Bernina-Gruppe und speziell auf die drei markanten Spitzen des Piz Palü.

Vom Bernina-Paß fällt der Blick auf den Piz Palü

Einen fantastischen Einblick in die Eiswelt vermittelt die Diavolezza-Hütte. In nur zehn Minuten bringt uns die Seilbahn bis auf knapp 3000 Meter Höhe. Wer bisher noch keine Farbe gekriegt hat, kann sich hier quasi im Schnellverfahren etwas Bräune holen. Aber Vorsicht! Die UV-Strahlung ist sehr intensiv! Einige Kilometer hinter der Seilbahnstation folgt ein Abzweig zum Morteratsch-Gletscher, der größten „Eisscholle" des Bernina-Massivs. Zeltfreunde mit guten Schlafsäcken (immerhin sind wir 2000 Meter hoch) finden hier einen traumhaften Campingplatz – idealer Stützpunkt für Ausflüge zum Gletscher oder auch zur Diavolezza-Hütte.

Wer genau hinschaut, wird vor den mächtigen Schnee- und Eiswänden winzige Kreuze entdecken, die ihre Proportionen ständig verändern. Es sind Segelflugzeuge, die im alpinen Flieger-Mekka Samedan gestartet sind. Am frühen Vormittag kann man den Auftrieb der Kunststoff- und Sperrholzgleiter beobachten. In der Hochsaison warten oft 60 bis 70 Flugzeuge hinter- und nebeneinander auf den Start. Doch nicht nur der Flugplatz ist hier sehenswert. Von den touristischen Hauptzentren besitzt Samedan noch den größten Charme, während wir die Jet-Set-Dörfer Pontresina und St. Moritz umfahren.

Vorbei an den funkelnden Seen steuern wir jetzt Richtung Italien, dessen Kultur uns schon weit vor der Grenze empfängt. Das Tor zum Bergell ist der Maloja-Paß, der eigentlich kein typischer Paß, sondern eher eine mächtige Stufe ist. In engen, abgenutzten Kehren bringt sie uns 800 Meter hinunter – im Winter eine Fahrt in den Frühling, im Frühling ein Vorgeschmack auf den Sommer. Kurz vor der Grenze steigt zur Rechten ein flottes Asphaltband den Berg empor in das Dörfchen Soglio, einem postkartenbewährten Aussichtspunkt.

Der Maloja-Paß ist eher eine Stufe

In Chiavenna geraten wir das erstemal mit dem „echten" Italien in Berührung (Südtirol ist ja sehr deutsch angehaucht). Von hier gibt es zwei Möglichkeiten, ins benachbarte Tessin zu gelangen. Nach Süden am herrlichen Westufer des Comersees entlang bis Menaggio, wo die schmale und recht stark befahrene Bergstrecke nach Lugano abzweigt. Nach Norden über den etwas verwaisten Splügen-Paß. Zwischen den breit ausgebauten Nord-Süd-Routen über Julier, San Bernadino und Gotthard genießt die alte Römer-Trasse ein Schattendasein, das uns Motorradfahrern ungetrübten Fahrspaß ermöglicht. Die Kehren stammen noch aus der Zeit, als man noch nicht mit Maschinen-Monstern Breschen in die Alpenwelt schlug, nämlich aus den 30er Jahren des vorigen Jahrhunderts. Auf der Nordseite vermeiden wir tunlichst, auf die neue Schnellstraße zu geraten. Stattdessen folgen wir wieder den alten Römern über die Paßhöhe des San Bernadino (nur bei schlechtem Wetter empfiehlt sich der Tunnel ab Hinterrhein).

Römer-Straße über den San Bernadino

Um unser „Doppel-Z" entlang der italienisch/schweizerischen Grenze zu vervollständigen (seit dem Gavia-Paß fahren wir ständig im Zickzack-Kurs), biegen wir noch vor Bellinzona wieder nordwärts ab zum St. Gotthard. Natürlich meiden wir auch hier wieder den Tunnel, der mit seinen 16 Kilometern übrigens der längste der Alpen ist, und winden uns zur Paßhöhe empor. Die alte Straße durch das „Tal des Zitterns" (Val Tremola) war in den letzten Jahren zwar gesperrt, konnte aber von Motorradfahrern problemlos bewältigt werden. Das Kopfsteinpflaster-Sträßchen führt durch mehrere unbeleuchtete Tunnels und Galerien und wird von zahlreichen Wanderern und Radfahrern frequentiert!

„Tal des Zitterns" am St. Gotthard

Mit dieser „verbotenen" Fahrt in die Vergangenheit alpinen Straßenbaus nähern wir uns den letzten Gipfelpunkten unserer großen Alpenreise. Neben dem Gavia-Paß dürfen sie auch getrost als Höhepunkte eingestuft werden. Denn kaum eine andere Straße der Erde vermittelt einen derart imposanten Einblick in die Gletscherwelt, wie Furka- und Grimsel-Paß. Kurz unterhalb des 2431 Meter hohen Sattelpunkts nähert sich die Furka bis auf Tuchfühlung dem Rhône-Gletscher, in den man am Hotel Belvédère sogar künstliche Eisgrotten geschlagen hat (Eintritt!). Nach jeder Rechtskehre liegt der zerfurchte Gletscher wieder vor uns, während sich zur Linken die vergletscherten 4000er der Berner Alpen erheben. Direkt dorthin führt uns eine Privatstraße (Einbahnverkehr durch Ampeln geregelt), die nördlich der Grimsel-Paßhöhe links abzweigt. Die Oberaarsee-Straße steigt zum 2300 Meter hoch gelegenen Stausee empor.

Gletscherwelt am Furka und Grimsel

Da die Reparatur- und Ausbauarbeiten am Grimsel-Paß schon seit Jahren so eine Art „Arbeitsbeschaffungsmaßnahme" darstellen, ist die Abfahrt mit Vorsicht zu genießen. Der Belag ist schlecht und hin und wieder können an den Engstellen auch Reisebusse entgegenkommen. Aber Eile ist auch nicht nötig. Nur noch knappe 60 Kilometer trennen uns von der Autobahnauffahrt Sarnen. Doch dies dürfte nur für die wichtig sein, die ihre kostbaren Urlaubstage schon aufgebraucht haben. Alle anderen wenden sich lieber der im folgenden Kapitel beschriebenen „Westalpen-Tour" zu, an die wir durch eine zügige Fahrt entlang der Rhône Anschluß erhalten.

Die Westalpen-Tour

Mir macht das Autobahnfahren nirgends so viel Spaß wie in der Schweiz. Mit einer vollbepackten Maschine reichen die erlaubten 130 km/h (Tacho 140) aus, zumal es ja auch nicht immer schnurgeradeaus geht. Außerdem halten sich die Entfernungen in Grenzen. Mit einer Tankfüllung hat man das ganze Land durchmessen. War man um drei Uhr nachmittags noch am Grenzübergang Basel, so kann man im Abendlicht schon die ersten Kehren des Grand St. Bernard erklimmen. Die Strecke Basel-Bern-Montreux ist recht langweilig. Doch der herrliche Blick über die Weinterrassen am Genfer See vermittelt schon richtige Urlaubsstimmung. Hoch über dem See zieht sich die Straße entlang, immer wieder unterbrochen von kurzen Tunnels; eine alpine Art der Straßenführung, mit der wir es in den nächsten Tagen noch zur Genüge zu tun haben werden. Nicht immer in der feinsten Art.

Mit kurzen Unterbrechungen führt die Autobahn bis Martigny. Parallel dazu verläuft eine Landstraße. Mal links, mal rechts, mal dazwischen schlängelt sich die Rhône, die hier zwar recht zierlich, dafür aber noch frei von französischen Industrieabwässern ist. Die Anfahrt zum Paß gestaltet sich recht unharmonisch. Lange schnelle Passagen wechseln mit ungelenken Kurvenfolgen, dazwischen jede Menge Baustellen (1982). Am Ortseingang von Bourg St. Pierre bietet sich rechts eine empfehlenswerte Übernachtungsmöglichkeit: Die Pension Du Relais offeriert für nur 20 Franken kleine, saubere Zimmer mit Frühstück. Wer zelten möchte, sollte sich schon vor Martigny im Rhônetal umschauen.

Wie so viele Alpenpässe hat man auch den Großen St. Bernhard durchbohrt. Angesichts des geringen Verkehrsaufkommens ein höchst überflüssiges Unterfangen. Immerhin zur Freude von LKW- und Motorradfahrern. Die einen sind vom schweißtreibenden Kurbeln befreit, die anderen genießen die Paßstrecke mit nur wenigen Auto-Touristen. Will man nicht aus Versehen auf die gebührenpflichtige

Nur wenige Autos auf dem Großen St. Bernhard

25

Tunnelstraße geraten, muß man aufpassen: Unmittelbar hinter einer Galerie (wegen Lawinengefahr überdachtes Straßenstück) zweigt die Paßstraße rechts ab. Der Asphalt wird jetzt immer schlechter, die Landschaft dafür immer interessanter. Felsblöcke, wie mit Grünspan überzogen, flankieren die wenigen Kehren zum Hospiz, wo noch heute echte Bernhardiner gezeigt und Plüschhunde verkauft werden.

Italienische Grenzer erkennt man daran, daß sie sich mehr für die Höchstgeschwindigkeit des Motorrads, als für den Paß des Fahrers interessieren. Jene vom Grand St. Bernard sind da keine Ausnahme. Und so geht die Fahrt ohne großen Aufenthalt hinab ins Aosta-Tal. Möglichst nicht zu forsch, denn die Italiener sind ganz offensichtlich nicht daran interessiert, das am Tunnel verdiente Geld nun unbedingt in dessen „Umgehung" zu stecken. Eine recht zeit- und nervenraubende Angelegenheit kann dann die Fahrt von Aosta Richtung Courmayeur werden. Denn hier muß man sich notgedrungen durch die Karawane zum Mt. Blanc-Tunnel wühlen. Der Abzweig zum Kleinen St. Bernhard fällt derart überraschend aus, daß man ihn auch gut verpassen kann. Vier Kilometer hinter dem Dorf Morgex muß man vor einem Hotel nach links zum Piccolo San Bernardo, wie er auf italienisch heißt, abbiegen.

Am Piccolo *San Bernardo* Konnte der „Große" lediglich durch seine skurrilen Hinkelsteine gefallen, so hat es der „Piccolo" ganz schön in sich: Kehren jede Menge, gespickt mit Rollsplitt und Sand, umrahmt von dichtem Nadelwald, der erst ab La Thuile alpiner Kargheit weicht. Erst acht Kilometer nach dem italienischen Kontrollpunkt kommen die Franzosen und man ahnt, was hier im Winter los sein muß. „Ski total" ist angesagt; wir nähern uns dem weltberühmten Val d'Isère. Der Blick ins Tal und auf die gegenüberliegenden Schneeriesen ist ja noch sehr schön, doch unten wird es dann böse. Zwar wird die N 202 auf der Michelin-Karte durch einen „Grünstreifen" (für landschaftlich schön) gekürt, doch des Menschen Werk fügt sich da so gar nicht ein. Trauriger Höhepunkt ist der Ort Val d'Isère selbst – eine Betonwüste in einer Geröllwüste. Die zahlreichen zerstörten Militärkasernen, die wir in den nächsten Tagen sehen werden, wirken dagegen noch fast romantisch.

Das Vernünftigste, was man hier noch unternehmen kann, ist volltanken und Gas geben. Es gilt, den Col de l'Iseran in Angriff zu nehmen. Spätestens am Aussichtspunkt Belvédère de la Tarentaise gewinnt man einen ersten Eindruck von der Besonderheit der französischen Alpenwelt. Ganz sicher hat man aber auch die erste handfeste Begegnung mit romanischem Straßenbau hinter sich. Wer jedenfalls

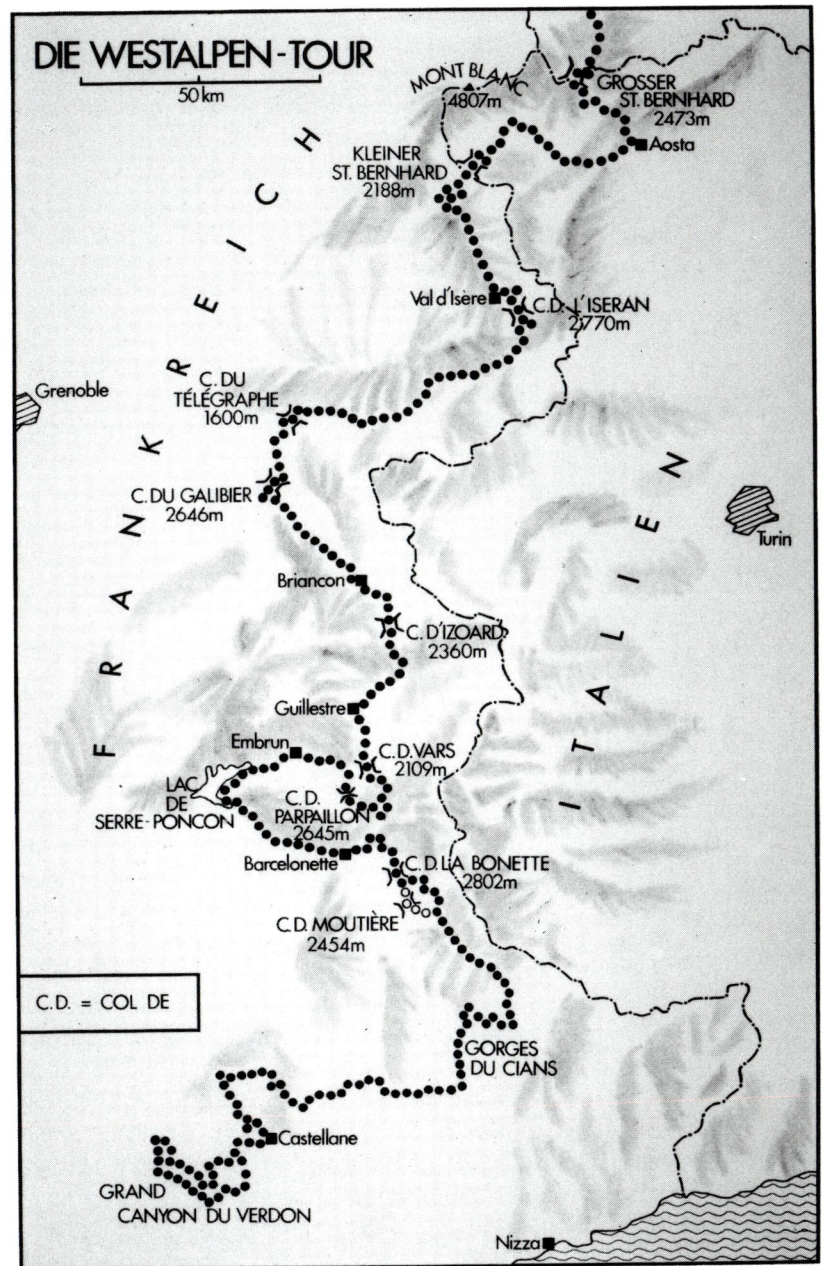

DIE WESTALPEN-TOUR

50 km

MONT BLANC
4807m

GROSSER
ST. BERNHARD
2473m

Aosta

KLEINER
ST. BERNHARD
2188m

Val d'Isere · C.D. L'ISERAN
2770m

Grenoble

C. DU
TÉLÉGRAPHE
1600m

C. DU GALIBIER
2646m

Briancon

C. D'IZOARD
2360m

Guillestre

Embrun · C.D.VARS
2109m

LAC
DE
SERRE-PONCON

C. D.
PARPAILLON
2645m

Barcelonette · C.D. LA BONETTE
2802m

C.D. MOUTIÈRE
2454m

C.D. = COL DE

GORGES
DU CIANS

Castellane

GRAND
CANYON DU VERDON

Nizza

F R A N K R E I C H

I T A L I E N

Turin

*Die Westalpen-Tour
führt über
einige der
höchsten Pässe
Europas in
die Provence*

kein Komfort-Motorrad sein eigen nennt, kann die Schläge ins Kreuz bald nicht mehr zählen. Aber angesichts des grandiosen Panoramas fällt das Langsamfahren gar nicht schwer.

Col de l'Iseran — der zweithöchste Teer-Paß

Manch einer mag sogar gemächlicher vorankommen, als ihm lieb ist. Der Col de l'Iseran ist nämlich der zweithöchste geteerte Paß der Alpen. Am Scheitelpunkt kann man seine Maschine in stolzen 2770 Meter Höhe abstellen und leicht feststellen, daß hier nicht nur dem Motor die Luft knapp wird. Von hier oben bis hinab ins Tal des Arc legen wir wieder 1,6 Höhenkilometer zurück. Leichte Kopfschmerzen sollte man ignorieren. Sie sind nur ein Resultat der häufigen Höhenwechsel.

Bis Modane ist das Arc-Tal übrigens recht ansehnlich. Imposant vor allem auch die Festung inmitten der gegenüberliegenden Canyonwand. Hinter Modane stößt der neue Tunnel du Fréjus auf die N 6, was sich vor allem durch einen regen Lastwagenverkehr bemerkbar macht. Blechkarossen aus Turin werden auf diesem Wege nach Frankreich und in die Schweiz transportiert. Dank der Brummis kann es im Städtchen St. Michel ganz schön eng werden. An einer Kreuzung in der Ortsmitte können wir das Chaos fluchtartig verlassen und nach links zum Col du Galibier abbiegen.

Vorspiel zum Col du Galibier

Da der 2647 Meter hohe Galibier zu den schönsten Paßstraßen zählt, leistet er sich zur Einstimmung erst einmal ein Vorspiel in Form des Col du Télégraphe, einem Kehrengewürm, das erst in Paßhöhe den Blick über den dichten Mischwald freigibt. Von hier geht es zügig weiter durch ein Hochtal. Vor der ersten großen Rechtskehre des Galibier zweigt nach links eine Schotterpiste ab, deren Verlauf man von der Hauptstraße aus weit verfolgen kann. Es ist die abenteuerliche Piste zum Camp des Rochilles. Das erste „Schmankerl" auf unserer Westalpen-Tour, das nur den Erfahrenen unter uns vorbehalten bleiben sollte. Der ADAC-Führer Alpenpässe/Alpenstraßen oder Denzels Alpenstraßenführer sind unbedingtes Muß für derartige Abstecher.

Außerdem ist durchaus von Nutzen, möglichst wenig Gepäck mit sich herumzuschleppen. Das gleiche gilt natürlich auch für lästige Maschinenpfunde, von denen man sich aber leider keine abbeißen kann. Im Rahmen dieses Tourenvorschlags werde ich daher nur auf einen Schotterpaß ausführlich eingehen, den man notfalls auch mit einer Honda Goldwing erklimmen kann, der aber trotzdem einen Hauch Abenteuer vermittelt, wie man es in unseren Breitengraden kaum vermuten würde. Dazu näheres nach der Überquerung des Col de Vars.

Der Galibier ist der erste „südfranzösische" Paß unserer Reise. Erstmals stoßen wir auf diese typischen Erosionsformen, die sehr oft an nordamerikanische Wüsten erinnern und die wir in ganz Südfrankreich finden. Ein gemeinsames Werk von Buschbränden, Menschen, Schafen, Wind und Wasser. Musterbeispiele für die „Ver-Wüstung" unserer Erde im Herzen Europas. Während die Bauern drunter leiden, geben Sand und Steingebilde fotogene Motive für uns Touristen, gekrönt von den Schneeriesen der französischen Alpen. Zum Beispiel die La Meije, die mit ihrem Gletscher das Panorama am Fuße des Galibier krönt. Ein wunderschönes Postkartenmotiv, wenn man den Alpengarten (Jardin Alpin) oberhalb der Kreuzung mit der Col du Lautaret-Straße ins Foto einbezieht.

„Ver-Wüstung"
im Herzen
Europas

Bevor wir nun mit Briancon den turbulenten Hauptort der Region anfahren, passieren wir in Chantemerle einen kleinen Wegweiser zum Col de Granon. Die befestigte schmale Paßstraße führt auf 2413 Meter. Wer von dort aus noch weiter ins Tal der Clarée oder gar zum alten Fort d'Olive vordringen möchte, sollte allerdings schotterfest und im Besitz eines Alpenführers sein.

Briancon ist ein gutes Pflaster, um eventuelle Proviant-Vorräte aufzufrischen. Etwas Schinken (jambon) in der Boucherie, etwas Käse (fromage) in der Fromagerie und ein Baguette in der Boulangerie bekommt man auch als wenig Sprachkundiger. Womit für ein zünftiges Camp nur noch der Wein fehlt. Im Weinland Frankreich hat es daran keinen Mangel. Unter dem Etikett „vin de table" findet man in allen Lebensmittelgeschäften gute trockene Weine für drei bis vier Mark.

Der Bummel durch die Altstadt von Briancon läßt auch Spielraum für das optimale Timing der nächsten Etappe: Den Col d'Izoard sollte man möglichst am späten Nachmittag angehen. Dann nämlich, wenn seine bizarre Mondlandschaft in ein warmes Licht getaucht wird und tiefe Schatten Kontraste schaffen. Der Izoard ist zwar „nur" 2361 Meter hoch, doch erschließt er eine der faszinierendsten Naturlandschaften Europas. Die südlich der Paßhöhe gelegene „Casse Déserte" braucht jedenfalls keinen Vergleich mit den Canyons Nordamerikas zu scheuen. Den Blick zurück auf die skurrilen Felstürme und -nadeln könnte man jedenfalls gut als „Bryce Canyon" (Utah/USA) „verkaufen".

Mondlandschaft
am Col d'Izoard

Doch damit hat die Kamera für heute noch nicht ausgedient. Im diffusen Gegenlicht der Combe du Queyras bieten sich noch einige Motive. Vor allem am Ausgang der Schlucht, vor dem sich wie auf einer Terrasse das Städtchen Guillestre erstreckt. Anstelle der zahlreichen Tunnels und Galerien flankieren jetzt Alleebäume die Straße. Keine Frage, wir sind jetzt endgültig im Süden. Weinberge umrahmen die Szenerie, die kaum vermuten läßt, daß es bald schon wieder in kühle Höhen emporgeht. Der Col de Vars wartet auf uns. Er gehört zu den besser ausgebauten Paßstraßen Frankreichs. Weshalb man die bescheidenen 2109 Meter auch recht zügig erklommen hat. Das bis zur Paßhöhe führende Hochtal erinnert an eine hochalpine Alm, auf der es sich im Winter hervorragend Ski fahren läßt. Erst ganz oben verleihen einige Felsriesen dem Vars Charakter, bevor sich die Straße über 600 Meter tief nach St. Paul hinabstürzt. Hier wird es nun auch schon recht schattig, so daß sich das Tal des Ubayette als vorzüglicher Zeltplatz empfiehlt.

Der Col de Vars ist zügig erklommen

Nur noch wenige Kilometer trennen uns von der Anfahrt zum Col de la Bonette, der in jeder Beziehung den Höhepunkt unserer Reise bildet. Doch wer noch etwas Zeit im Reiseplan und ein bißchen Mumm in den Knochen hat, wird sich für einen halben Tag vom Asphalt verabschieden und einen der schönsten Schotterpässe der Alpen erklimmen. Lesen Sie hierzu auch das Kapitel „Fahrtechnik" ab Seite 173.

Im Dörfchen La Condamine-Châtelard deutet noch nichts auf unser Abenteuer hin. Man muß schon wissen, daß es an der Abzweigung nach Ste. Anne seinen Lauf nimmt. Eine schmale aber gepflegte Schotterstraße windet sich zügig bis zu einer Skistation empor. Einige Kehren unterhalb des leicht verkommenen Komplexes liegt zur Rechten ein Chalet-Dorf. Links oberhalb der Siedlung führt unsere „Paßstraße" weiter. Eine Beschilderung darf man hier, wie auf allen anderen Abenteuerstrecken, die meist militärischen Ursprungs sind, nicht erwarten. Daher ist es ratsam, umsichtig vorzugehen. Die Straße nimmt jetzt eher die Gestalt eines drittklassigen Forstweges an. Tiefe Auswaschungen und klotzige Steine schütteln Fahrer und Maschine kräftig durch. Wer hier keine fahrerischen Probleme hat, wird den Paß gut schaffen. Erst in etwa 2000 Meter Höhe weicht der Wald den grünen Wiesen.

Die Fahrspur ist jetzt wieder komfortabler. Gemächlich steigt sie in ein wildes Hochtal empor. Für Leute, die die Einsamkeit lieben, ein optimaler Zeltplatz, an dem man frühmorgens durch das Pfeifen der Murmeltiere geweckt wird. Ein kleines Holzschild mit der Aufschrift „La Chalanch" weist nach links in die Geröllebene, die von drei Seiten von riesigen Bergen umgrenzt ist. Geradeaus geht der Weg weiter zum Parpaillon. Man kann von hier unten genau den Verlauf der Militärstraße entlang des Bergmassivs verfolgen. Es sieht recht spektakulär aus, entpuppt sich dann aber, wenn man in der Wand drin ist, als risikolos. Ausreichende fahrerische Praxis ist natürlich notwendig. Auch

Zeltplatz unter Murmeltieren

Schwindelfreiheit kann durchaus von Nutzen sein. Ansonsten gilt der dringende Rat, nicht während der Fahrt in den Abgrund zu schauen. Aber es gibt ausreichend Möglichkeiten, zum Fotografieren und Schauen stehen zu bleiben. Kurz unterhalb des Felsenkamms macht die Straße noch einmal einen brisanten Schwung nach oben, um dann urplötzlich in ein schwarzes Loch zu führen.

Der berüchtigte Tunnel de Parpaillon liegt vor uns. Tröstlich zu wissen, daß die um die Jahrhundertwende gebaute Röhre nur 500 Meter lang ist. Ein mit natürlichen Ängsten ausgestatteter Mensch würde da sonst wohl kaum reinfahren. Fahrer schwerer Maschinen sollten zu Fuß prüfen, ob der erste Teil des Tunnels nicht vereist ist. Denn immerhin sind wir jetzt 2645 Meter hoch, und der leichte Anstieg bis zur Mitte der Röhre besteht nur aus nassem Schlick. Der Rest des Tunnels ist dann — angesichts des nun sichtbaren Endes — ein Kinderspiel.

Der berüchtigte Tunnel am Parpaillon

Es folgt ein recht langwieriger Abstieg durch mehrere Hochtäler, in denen man schon des öfteren Bergwanderern begegnen kann. Man nähert sich ganz offensichtlich dem Touristenort Embrun und dem riesigen Lac de Serre-Poncon. Der Stausee, der hauptsächlich von Durance und Ubaye gefüllt wird, ist fjordähnlich und wird von herrlichen Panoramastraßen umrundet. Ein lockeres Kurvenvergnügen nach dem etwas anstrengenden Schotter-Ritt. Sonnenanbeter und Wasser-Freaks werden gerne ein, zwei Tage am türkisgrünen Wasser zelten. Die zahlreichen Möglichkeiten hierzu entbehren nicht einen ordentlichen Hauch wilder Romantik. Ja, außerhalb der französichen Schulferien ist es hier geradezu paradiesisch. Das felsige Tal des Ubaye präsentiert wieder die typisch südfranzösische Mischung, bei der man nicht so recht weiß, ob man die Kurvenfolgen kräftig ausloten, oder sich mehr der Landschaft widmen soll.

Barcelonette, mit seiner geschäftigen Fußgängerzone, ist nur Zwischenstation. Denn vor uns liegt der Col de la Bonette, der höchste asphaltierte Paß der Alpen. Er ist der „große Wilde" unter den Franzosen. Er hat nichts Zierliches, nichts Liebliches, nichts Bizarres. Sein unverwechselbares Gesicht offenbart er vor allem im Hochsommer, wenn die heißen Sonnenstrahlen auch den letzten Flecken Schnee hinweggeschmolzen haben — was nicht immer passiert. Dann wirkt der Bonette so gar nicht alpin. Eher wie aus einer anderen Welt. Mich hat zumindest der obere Teil an den Aufstieg zum 4300 Meter hohen Pikes Peak in den Rocky Mountains erinnert. Der Franzose ist zwar bei weitem nicht so hoch, dafür bietet er aber einen beeindruckenderen Rundblick in die unnahbare Felskulisse.

Col de la Bonette — der „große Wilde"

Die sehr schmale, holprige Asphaltpiste gehört nicht zur „Routes des Grandes Alpes". Entsprechend dürftig ist auch das kommerzielle Ange-

31

bot. Die einzige Möglichkeit zur körperlichen Stärkung bietet das winzige Restaurant „Halte 2000" in 2000 Meter Höhe. Wer sich an Fliegenschwärmen und einer muffigen Bedienung nicht stört, kann in, oder noch besser vor dem winzigen Almschuppen preiswert und zünftig tafeln. Nur beim Rotwein-Konsum ist Zurückhaltung angesagt, denn der Bonette stellt hohe fahrerische Ansprüche.

Aussichtsschleife in 2802 Meter Höhe

In immer neuen Kurvenvarianten windet sich die schadhafte Straße gen Himmel. Unterwegs erinnern wahre Geisterstädte an vergangene Kriege. Die Kaserne vom Restefond unterstreicht noch einmal den martialischen Charakter dieser Militärstraße, die sich bis zur 2802 Meter hohen Aussichtsschleife an regelrechten Schuttkegeln entlangschlängelt. Beim Blick nach rechts kann es einem schwindelig werden. Und dies nicht nur in Ermangelung von Leitplanken.

400 Meter unterhalb der Aussichtsschleife windet sich ein Weg durch die Felsenwelt. Wer von Schotterstraßen noch nicht die Nase voll hat, kann in einer Stunde dort unten sein. Aber Vorsicht: Auf der Michelin-Karte Nr. 81 sieht der Col de la Moutière noch wie eine ganz normale unbefestigte Straße aus. Doch im Sommer 1982 war die Auffahrt vom Moutière zum Col de Restefond praktisch unbefahrbar. Mich haben jedenfalls nur der Mut der Verzweiflung und viel Glück mit einer vollbepackten 750er hier hinauf gebracht. Dabei war ich kurz vorher noch bester Dinge.

Die Südzufahrt von der Brücke „Pont Haut" nach St. Dalmas ist asphaltiert. Und nach Befragung der Dorfbewohner fand ich auch noch den weiteren, nunmehr recht holperigen Weg. Dieser führt in der letzten Rechtskehre vor St. Dalmas geradeaus. Nach etwa einem Kilometer gibt es nochmals eine Gabelung. Hier geht es nun scharf rechts hoch. In Höhe der Baumgrenze geht der arg zerfurchte Waldweg in eine recht ordentliche Rollsplittspur über, die in erster Linie wegen ihrer sehr engen Kehren Aufmerksamkeit verlangt.

Der „Wildwest-Canyon"

Zur Rechten ragt nun die steile Wand des Bonette empor. Und wenn man genau hinguckt, erkennt man sogar die Aussichtsplattform. Doch auch in entgegengesetzter Richtung bietet der Col de la Moutière aufregende Perspektiven. Wenige hundert Meter nach der Paßhöhe öffnet sich nämlich ein Canyon-Tal in allerbester Wildwest-Manier. Fehlen eigentlich nur noch die Postkutsche und Indianer am Canyonrand... Endurofahrer wird man nun kaum davon abbringen können, auf der D 9 nach Bayasse in den Canyon abzusteigen (es ist schon erstaunlich, was in diesem Lande alles Straßennummern erhält). Alle anderen müssen die beschwerliche aber sichere Rückfahrt auf sich nehmen, da vom Anstieg zur Restefond-Bonette-Straße unbedingt abzuraten ist (siehe oben).

Die Versuchung, den umgekehrten Weg zu wählen, und damit sofort auf das „unbefahrbare" Stück des Col de la Moutière zu geraten, ist gering. Denn kein Schild weist auf die unscheinbare Abfahrt hin. Das ist sicher auch gut so. Denn so mancher Tourenfahrer mit einem Zentner Gepäck im Rücken würde sonst so bald nicht bis zum Mittelmeer gelangen ... Und dies dürfte wohl das erklärte Ziel fast jeder Westalpen-Tour sein.

Daß es vom Bonette nur noch ganze 100 Kilometer bis Nizza sind, sollte nicht unbedingt dazu verleiten, diesen direkten Weg zu wählen. Vielmehr orientieren wir uns weiter westlich, wo der Verdon mit seiner 800 Meter tiefen Schlucht lockt. Schon auf dem Weg nach Castellane, dem Anlaufpunkt aller Verdon-Pilgerer, gibt es Schluchten reichlich. Vom Bonette kommend haben wir am Croix de Valberg (Abzweig bei St. Sauveur) die Qual der Wahl: Vor der Paßhöhe zweigt die D 28 ab, deren schmales Asphaltband sich durch zahlreiche Tunnels an der Cians entlangschlängelt. Hinter dem Valberg stößt man auf die D 2202, die die Gorges de Daluis erschließt. In jedem Fall landet man auf der vielbefahrenen N 202/207, die uns bis zum oberen Stausee des Verdon führt. Wer hier rechts abbiegt und den Umweg über St. André und Barrême in Kauf nimmt, erreicht Castellane auf dem schönsten Stück der Route Napoléon. Die letzten 16 Kilometer über den Col de Leque hinab ins Tal des Verdon gehören zu den besten Motorradstrecken Europas. An schroffen Kalksteinwänden entlang und durch Felsentore hindurch, steigt man schließlich in zügigen Serpentinen 420 Meter talwärts. In Castellane erhält man übrigens Anschluß an eine Provence-Rundfahrt, die ausführlich in dem Buch „Reisen mit dem Motorrad" beschrieben ist. Diesem Motorrad-Paradies gilt hier daher nur ein kurzes Streiflicht.

Das schönste Stück der Route Napoléon

II. ITALIEN

Andere Sitten

Wer sich für Italien als Reiseziel entscheidet, sollte sich darüber im klaren sein, daß er sich als Fremder in ein Gastland begibt. Ein Land, in dem vieles anders ist als bei uns. Auch die Menschen, deren Temperament und Lebenseinstellung. Das ist auch heute noch so, ein viertel Jahrhundert nach Gründung der Europäischen Gemeinschaft. Wer mit einem deutschen Maßstab im Gepäck ins Ausland fahren will, sollte lieber gleich zu Hause bleiben. Dies gilt auch für Italien. Doch selbst wer bereit ist, alle Vorurteile fallen zu lassen, kann durchaus ein paar Schwierigkeiten mit dem südlichen Temperament haben. Vor allem Anfänger werden sich nämlich mit dem italienischen Straßenverkehr wenig anfreunden können.

Mit einem Bein im Krankenhaus

Aus eigener Erfahrung weiß ich, daß man mit geringer Motorradpraxis praktisch immer mit einem Bein im Krankenhaus liegt. „Nie wieder Italien", war früher kein seltener Spruch unter „greenhorns". Mittlerweile haben die Benzinpreise allerdings eine recht pädagogische Wirkung auf Italiens Kraftfahrer ausgeübt. Wer 2 Mark pro Liter zahlen muß (bei einem geringeren Lohn- und Gehaltsniveau als bei uns), der tritt schon nicht mehr so energisch aufs Gaspedal. Ausgesprochen defensiv oder gar rücksichtsvoll kann man den Fahrstil allerdings auch heute nicht bezeichnen. Man tut sich leichter, wenn man davon ausgeht, daß rundherum eigentlich „Kinder" am Steuer sitzen. Alles läuft eher gefühlsbetont ab. Das wird deutlich, fährt man auf der Autobahn mit 140 einer Familienkutsche hinterher. Am Steuer ein wild gestikulierender Familienvater, der sich mit allem Möglichen beschäftigt, nur eben nicht damit, sein Fahrzeug geradeaus zu lenken. Im Gegenteil: Bewegungen des Lenkrads werden mit in die Gestik einbezogen.

Grundsätzlich dürfte jeder Italiener von Geburt an Motorradfan sein. Nur ist eben Italiens Sozialgefüge nicht so, daß sich alle diesen Traum erfüllen können. Das schafft Frust. Hinzu kommt die ungeniert zur Schau gestellte Wendigkeit der motorisierten Zweiradfahrer, die sich durch den dichten Verkehr der Altstädte und Industriemetropolen schlängeln, als gäb's kein Morgen. Ohne Helm, versteht sich. Das schafft wiederum Frust. Klar, daß man dann auf freier Strecke oder auch im Stadtverkehr Rache übt. Sozusagen ohne bewußt Böses zu wollen, wird man dann eben so überholt, daß es einem fast den Rückspiegel nach vorne dreht. Packtaschen bewähren sich bei diesem Verkehrs-Clinch als Beinschützer. Mit zunehmender Italien- aber auch Motorraderfahrung kommt man dahinter, wie man hier überlebt. Gas geben, heißt die Devise. Wer angesichts eines Ortsschilds nicht mehr vom Gas geht, läuft auch nicht Gefahr, daß einem ein Alfa das Rücklicht ausbläst. Einheimische Fußgänger wissen dies. Unsereiner lebt dafür gefährlich, steigt er mal vom Motorrad.

Gas geben, heißt die Devise

Grundsätzlich gilt die Regel, keinen offensichtlichen Blickkontakt mit dem „Partner" zu suchen. Erkennt nämlich dieser, daß man ihn registriert hat, geht er gnadenlos in die Offensive. Dann schafft man sich Lücken, wo eigentlich gar keine waren. Auf dem Motorrad kann man dann nur noch in die Bremsen steigen. Das Gegenteil ist richtig. Man muß so tun, als ob man den anderen gar nicht gesehen hat und Gas geben (natürlich innerlich stets bremsbereit!). Das Erstaunliche ist, es funktioniert! Selbst wenn man einmal nicht im Recht ist. Im Gegensatz zu uns pocht hier nämlich keiner auf sein Recht oder schreitet gar zur „Bestrafung". Nur sollte man es vermeiden, persönliche Auseinandersetzungen einzugehen. Man merkt dann schnell, daß auch eigene Fahrfehler ohne lamentieren ausgebügelt werden. Auch wenn man mal einen Autofahrer durch Unachtsamkeit zur Vollbremsung gezwungen hat. So gibt es eben diesseits und jenseits der Alpen positive und negative Eigenarten. Und damit muß man sich arrangieren.

Anfahrtsrouten

Drei der schönsten Provinzen Italiens lassen sich gut in einer zwei-Wochen-Tour erfahren: Die Riviera, die Toskana und das weniger bekannte Umbrien. Schon im März sind hier sommerliche Temperaturen nichts Ungewöhnliches, so daß sich diese Reiseziele für die erste größere Fahrt im Frühjahr anbieten. Wer Sinn für die hervorragende italienische Küche hat, wird hier – noch unbedrängt von den Touristenmassen – voll auf seine Kosten kommen. Etwas belebter wird es lediglich an den Osterfeiertagen, die in Italien noch mit Hingabe zelebriert werden.

Die Anfahrtsvarianten sollten je nach Wetterlage in den Alpen kurzfristig ausgewählt werden. Ein Anruf beim ADAC genügt, und man weiß, wo man „durchbrechen" kann. Über den Brenner geht es fast immer. Dieser an der Grenze von Österreich nach Italien liegende Autobahnpaß ist ganze 1375 Meter hoch und praktisch immer

Über den Brenner geht es fast immer

schneefrei. Allerdings verlangen die Österreicher pro Motorrad die volle Auto-Mautgebühr von DM 18,- (hin und zurück DM 25,-). Die Autobahn zum Brenner ist bei Rosenheim direkt an die Autobahn München-Salzburg angeschlossen. Norddeutsche, die nach langer Anfahrt schon in Bayern die Nase vom Autobahnfahren voll haben, können in Ulm die Kemptener oder in München die Garmischer Autobahn nehmen und über Füssen bzw. Mittenwald nach Österreich gelangen.

Im Januar über den Julier-Paß

Attraktiver ist die Anfahrt durch die Schweiz. Ich bin schon im Januar über den Julier-Paß ins Obcrengadin, und von dort über den Maloja-Paß ins milde Oberitalien abgestiegen. Frostsicher verpackt sollte man für diese Tour, die immerhin auf knapp 2300 Meter Höhe führt, allerdings sein. Etwas ziviler ist da schon der San Bernadino, den man via Autobahn und Tunnel wie den Brenner ganzjährig befahren kann. Im Sommer empfiehlt sich übrigens der Umweg über die alte Paßstraße. Das gleiche gilt auch für den St. Gotthard, der die vierte wintertaugliche Alternative bildet.

San Bernadino und St. Gotthard führen beide ins Tessin (wo sich ja bekanntlich die deutschen Villen drängen), Julier und Maloja zum Comersee und der Brenner zum Gardasee. In jedem Fall erwartet einem bei normaler Wetterlage der Frühling. Hat man sich bei München vielleicht noch durchs Schneetreiben gekämpft, kann man sich nur drei oder vier Stunden später an blühenden Forsythien erfreuen. Das Kleinklima im Bereich der oberitalienischen Seen gehört zu den beständigsten und angenehmsten in ganz Europa. Nicht nur deswegen ist diese Gegend einen ganzen Motorradurlaub wert. Hierzu mehr im Kapitel „Oberitalienische Seen" ab Seite 61.

Umbrien, Toskana und Riviera

Nach einer Nacht an den milden Seen kann mitunter wieder ein eisiger Tag folgen. Dann nämlich, wenn der fette, träge Po die ganze norditalienische Tiefebene in dichten Nebel hüllt. Da heißt es noch einmal Zähne zusammenbeißen und Gas geben. Landschaftlich verpaßt man ohnehin nichts. Das ändert sich dann schlagartig, befindet man sich südlich der Autobahnachse Turin-Parma-Bologna-Rimini. Von hier kriechen parallel zu den zahllosen, vom Appennin herabsprudelnden Flüssen wunderschöne Bergstraßen aus der Poebene empor. Entweder fängt es jetzt endgültig zu regnen an, oder man hat den Nebel hinter sich.

Die schnellste Verbindung ins Land der Etrusker ist die Autobahn Bologna-Firenze (Florenz) -Siena, die mit Recht „Autostrada del Sole" genannt wird. „Tunnelfest" sollte man allerdings für diese Strecke schon sein. Denn allein bis Florenz zieren 16 Tunnels die Straße. Über Florenz etwas sagen, was Kulturinteressierte nur einigermaßen zufriedenstellen würde, hieße, alle Seiten dieses Buches damit zu füllen. Ähnliches gilt auch für die restlichen Mitglieder des Stadtstaaten-Bundes der alten Etrusker. *Von Bologna nach Florenz*

Insgesamt gibt es zwölf davon. Eine schöner als die andere. Neben Florenz sollte man wenigstens Siena und Perugia, die Hauptstadt Umbriens, besuchen. Wer italienische Städtekultur bisher nur vom Schulunterricht her kannte, wird aus dem Staunen nicht mehr herauskommen. Einzelne mittelalterliche Bauten findet man auch in anderen Teilen Europas, sogar bei uns. Aber ganze gewaltige Stadtanlagen aus Natursteinen, für die Ewigkeit errichtet, und nicht etwa Hollywood-Kulisse, sondern Lebensraum, das nimmt einen gefangen. *Die zwölf Etrusker-Städte*

Dazwischen das pulsierende Treiben der Südländer, keifende Mamas, spielende Kinder, hupende Fiats, gurrende Tauben; die Gassen oft so eng und steil, daß man zweifelt, noch auf erlaubten Wegen zu fahren, bis einem plötzlich ein Fiat 500 entgegenhoppelt und alle Zweifel nimmt. Bevor Kupplung oder Handgelenke schlapp machen, sollte man einfach die Maschine vor einem Restaurant parken. Die ganz kleinen, mit schmaler, stets offener Türe und unscheinbarer Beschriftung, sind meist die richtigen. Hat man erst mal den ersten Halben vom Chianti (bitte nicht mit dem Supermarkt-Gebräu verwechseln) intus, weicht schnell die Spannung, aufgestaut durch die weite Anfahrt und den ungewohnten Verkehrsstreß. In der Nähe findet sich bestimmt ein kleines Stadthotel; die beste Möglichkeit, etwas Atmosphäre mitzubekommen. Die Motorräder in einer Garage und das Gepäck im Hotelzimmer, läßt es sich doch angenehmer Bummeln. Zumal die Altstädte nur so vor Einbahnstraßen wimmeln, und die Fahrerei auf Dauer nerven kann. Das streßfreie Vergnügen sollte schon die etwa 50 Mark für ein Doppelzimmer wert sein.

Für Leute, die meinen, unbedingt nach Rimini schauen zu müssen, gibt es ein paar nette Sträßchen, auf denen man aus der Provinz Marche nach Umbrien bzw. in die Toskana gelangen kann. Eine davon führt durch den Briefmarkenstaat San Marino, von dort über

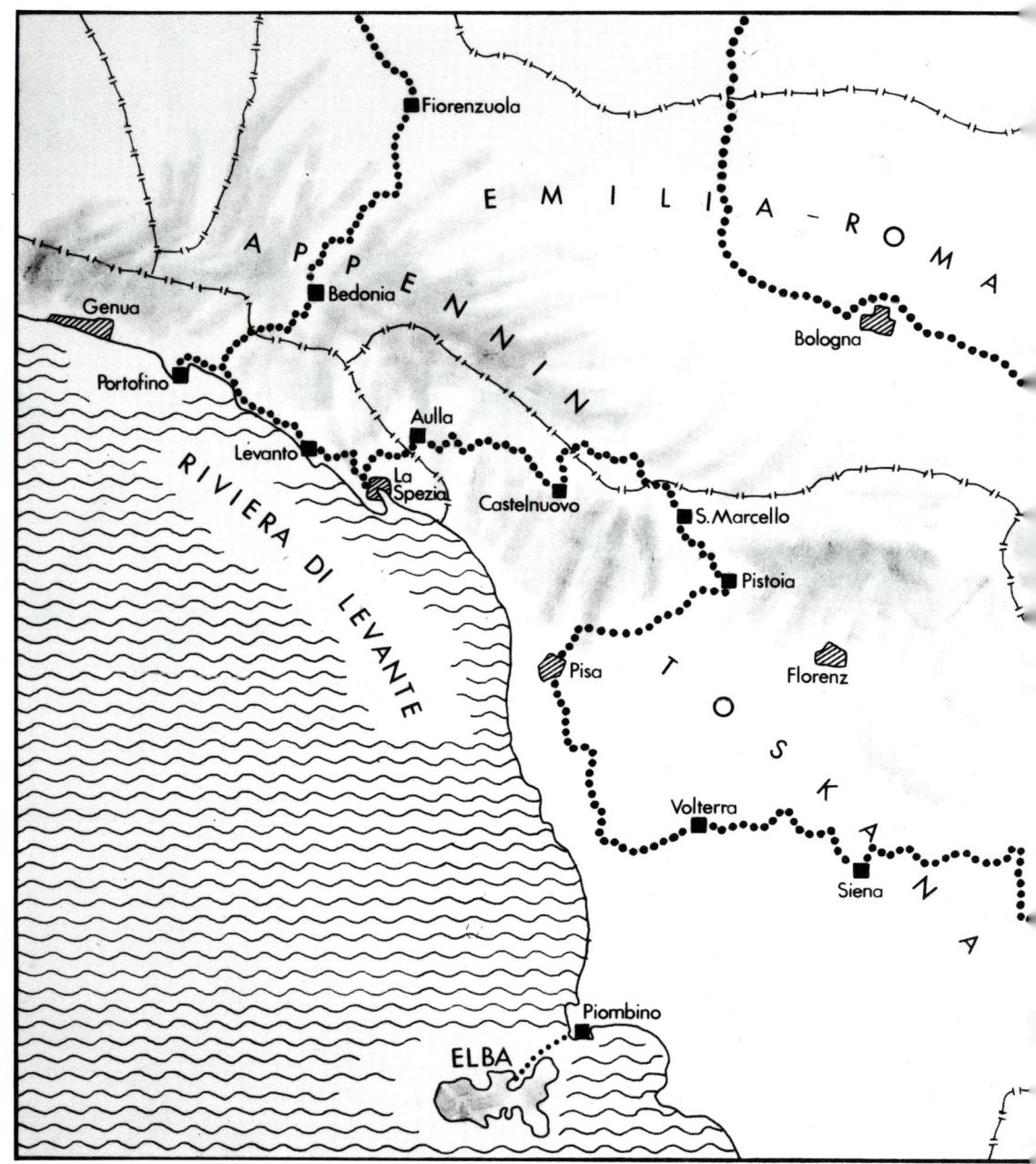

54

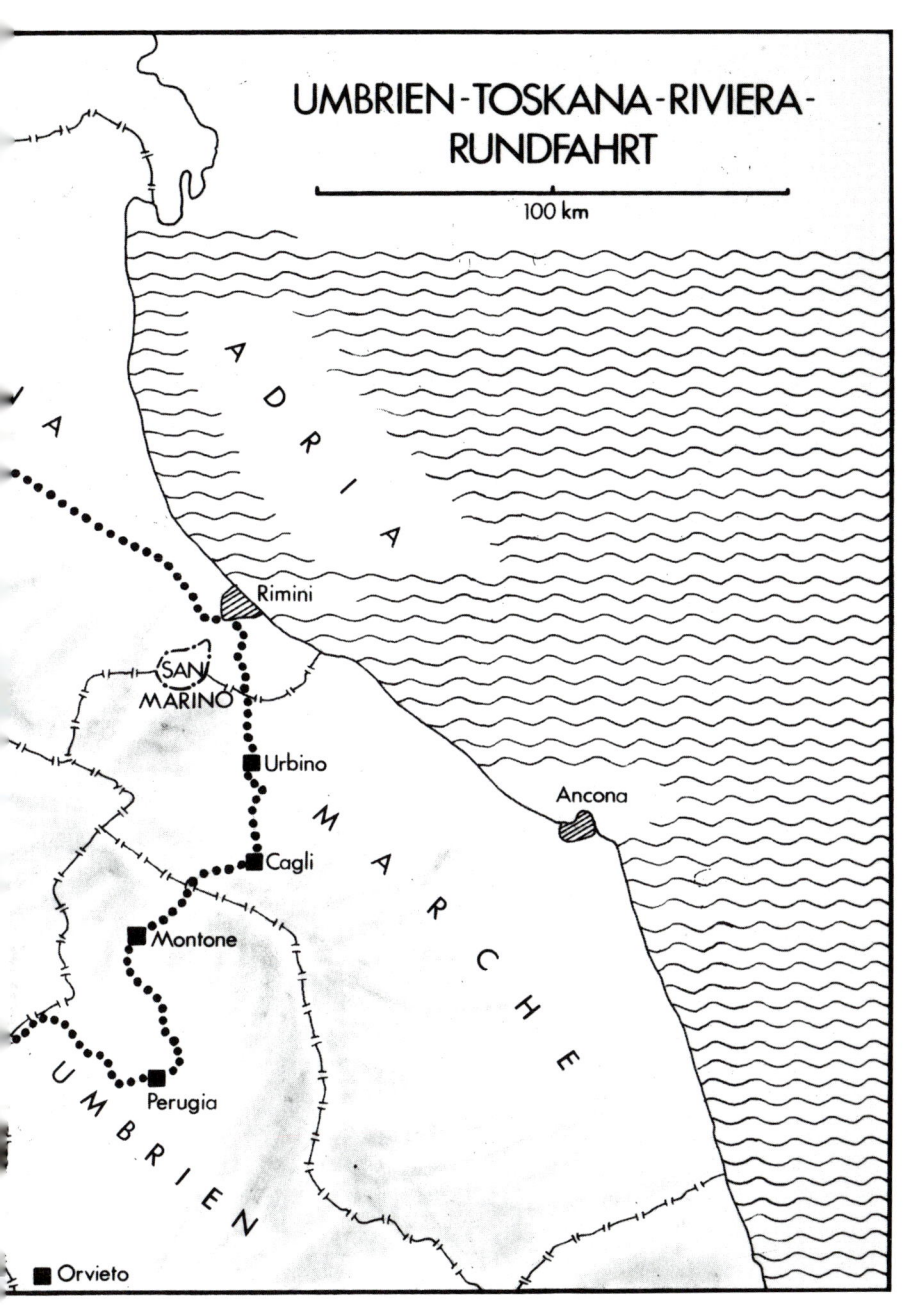

UMBRIEN-TOSKANA-RIVIERA-RUNDFAHRT

100 km

ADRIA

Rimini

SAN MARINO

Urbino

Ancona

Cagli

MARCHE

Montone

Perugia

UMBRIEN

Orvieto

*Einwöchige
Rundfahrt
durch
Mittelitalien*

Carpegna, Passo de Viamaggio, Sansepolcro nach Arezzo, einer der zwölf Etrusker-Metropolen. Die Provinz Umbria hat man auf diesem Wege allerdings fast links liegen lassen. Und mit ihr auch so reizvolle Städte wie Gubbio, oder das kolossale Perugia.

Plant man für die Strecke von Rimini nach Perugia einen ganzen Tag ein, so kann man sich auf winzigen Straßen durch den Norden Umbriens und der Marche durchschlagen. Einer Landschaft, die einen deutlichen Kontrast zur Toskana bildet. Da ist nicht viel Mildes oder Zartromantisches. Die karge Bergwelt erinnert in Farben und Formen eher an die Ausläufer der französischen Pyrenäen. Urbino, Cagli und Gubbio könnten Stationen am Weg sein. Sollte vor Cagli der gen Rom strömende Verkehr zu stark werden, empfiehlt sich ein Abzweig nach rechts Richtung Pianello und Pietralunga.

Man wird um Jahrzehnte zurückversetzt

Mit einem Schlag wird man um Jahrzehnte zurückversetzt, teilt man die schmale, schlechte Straße mit Eselskarren. Neben der Straße pflügt ein Bauer seinen kargen Boden mit einem Holzpflug. Auch das ist noch Italien. Und nicht nur im vernachlässigten Südzipfel. Kurz bevor sich die Bergstraße ins Tal des Tevere senkt, lohnt sich ein Abstecher nach Montone. Ein winziges Nest, das auf keiner Karte als bemerkenswert ausgezeichnet ist. Es klebt hoch oben am Fels, wie eine Raubritterfestung. Hotels oder Restaurants sucht man hier vergebens. Aber Aussicht und Stimmung entschädigen für die staubige Anfahrt über eine kurze Schotterpiste.

Der Möglichkeiten, von Perugia aus geschichtsträchtige Stätten kennenzulernen, gibt es viele. So zum Beispiel den Wallfahrtsort der Franziskaner, Assisi, oder die Etrusker-Festung Orvieto, bei deren Erwähnung jedem Liebhaber trockenen Weißweins das Wasser im Munde zusammenläuft. Überhaupt der Wein. Er ist alleine schon jede Italienreise wert. Ein Vergnügen, das man sich leisten kann. Denn in Italien ist nur noch Leitungswasser billiger. Flaschen, für die man in deutschen Restaurants gut und gerne 20 bis 40 Mark bezahlt, kosten hier maximal 12, meistens nur 5 bis 6 Mark. Selbst in besseren Hotels kostet die Halbliter-Karaffe des örtlichen Weins ganze 500 bis 1000 Lire (1982 waren das etwa DM 0,90 bis 1,80).

Durch die Gemeinden des Chianti Classico

Fährt man von Perugia nach Siena, wofür man am besten das kurze Autobahnstück vom Lago Trasimeno bis zur Ausfahrt Monte S.Savino (Richtung Florenz) unter die Räder nimmt, kommt man durch eine der wenigen Gemeinden, in denen der Chianti Classico angebaut wird. Castelnuovo Berardenga erreicht man über eine wunderschön geschwungene Landstraße, die auf wenigen Kilometern alle Reize der

Toskana-Landschaft erschließt. Die charakteristischen Straßenführungen sind es auch, die diese Region zum echten Motorradparadies machen. Die Harmonie der Kurvenfolgen paßt sich den weichen Formen und Farben an. Es ist, als ob dies Auswirkung auf den eigenen Fahrstil hat. Man fährt locker und entspannt und sogar erstaunlich schnell. Aber zurück zum köstlichen Wein. Berardenga gehört zu den Anbaugebieten in der weiteren Umgebung Sienas, die sich unter dem Wappen eines schwarzen Hahns zusammengeschlossen haben. Marcus Würmli schreibt in seinem sehr empfehlenswerten Buch „Alle Weine Italiens" (Südwest Verlag), daß dieses Weinsiegel am Flaschenhals Gewähr für einwandfreie, hohe Qualität bietet. Von diesem Autor erfährt man auch die sicher für viele verwunderliche Information, daß Chianti aus roten und weißen Trauben entsteht.

Harmonische Kurven prägen den Fahrstil

Weinkennern bietet sich auf der Strecke von Orvieto nach Siena ein Leckerbissen ganz besonderer Art: 50 Kilometer vor Siena zweigt links ein kleines Bergsträßchen nach Montalcino ab. Hier wächst einer der besten Rotweine der Erde, der Brunello di Montalcino. Im Gegensatz zu den meisten anderen Weinen wird der Brunello aus einer einzigen Rebsorte gewonnen. Er muß laut Gesetz vier Jahre in Eichenfässern lagern.

Wenn hier soviel vom guten Wein die Rede ist, so sollte man nicht das dazugehörige Essen vergessen. Und die Toskana gehört diesbezüglich gewiß nicht zu den schlechtesten Regionen Italiens. Bevor man in die Fischküche der Riviera schnuppert, kann man hier noch einmal richtig deftige Fleischgerichte probieren. Aus eigener Erfahrung würde ich übrigens davon abraten, in Siena ein Restaurant mit dem Motorrad zu suchen. Mir wollte es jedenfalls auch nach drei Stadtrundfahrten – die wegen der Lage auf drei Hügeln gar nicht sehr rund sind – nicht gelingen, zu den ersehnten Gaumenfreuden zu kommen. Da die Pizzeria in der Nähe des Campingplatzes (im Nordosten der Stadt) geschlossen war, blieb uns nur noch das vornehm-spießige Hotel gegenüber vom Zeltplatz.

Auf Restaurantsuche in Siena

Aus den Wirren Sienas findet man schnell heraus, folgt man den Autobahnschildern nach Firenze. Vor der Auffahrt zur Autostrada in Monteriggioni zweigt links die Straße nach Colle di Val d'Elsa ab, Ausgangspunkt für eine 36 Kilometer lange Traumstraße durch eine typische Toskana-Landschaft. Die Symphonie der Kurven übertrifft hier noch das schon oben zitierte Stück von Monte S.Savino nach Siena. Immer wieder fällt der Blick auf herrlich gelegene Weingüter und Kastelle. „Ein Haus in der Toskana", so könnte ich's mir eigentlich gut vorstellen. Doch den Traum haben, spätestens seitdem TWEN-Art Director Fleckhaus ihn populär machte, schon so viele realisiert, daß man kaum noch günstige Gelegenheiten findet. Immerhin ist es recht preiswert, ein Souvenir aus diesem Paradies für Romantiker mitzunehmen. Zum Beispiel Alabaster-Skulpturen. Kurz vor Volterra steht ein von Blumen umrahmtes Haus, in dem vom Kätzchen bis zum Schachspiel alles angeboten wird, was Künstlerhände aus dem festen Gips formen können.

Nach den blumenübersäten Hügeln wirkt das Val di Cecina dann doch recht langweilig. Biegt man allerdings nach rechts auf eine der Bergstraßen ab, umfängt einen sofort wieder der Zauber der Toskana. Hier findet man auch endlich einen Picknickplatz fernab der Straße.

Piombino — das Tor zur Insel Elba

Von hier ist es auch nicht mehr weit nach Piombino, dem Tor zum Mikrokosmos der Insel Elba. Die etwa einstündige Fähre verkehrt mehrmals täglich. Weltruhm erlangte die Insel durch die zehnmonatige Exilherrschaft Napoleons, der hier die Rückeroberung seines Reiches vorbereitete. Vor den Franzosen wurde Elba schon von den Spaniern, Italienern und Türken heimgesucht. In den fünfziger Jahren avancierte die Sonneninsel, die wegen ihres ganzjährig warmen Klimas geschätzt wird, zum Traum der Teutonen. Noch heute denken „Elba-Pioniere" mit Wehmut an diese goldenen Jahre zurück. Heute darf man in der Ferienzeit kaum noch einsame Strände erwarten. Wie überhaupt die nur 223 qkm große Insel dank intensiver Landwirtschaft (Oliven und Wein) keine ideale Spielwiese für Enduro-Freaks darstellt. Auch wenn die Teilnehmer der Gelände-Europameisterschaft sie im Jahre 1982 dazu degradierten. Wunderschöne Küstenstraßen und komfortable Campingplätze werden trotzdem viele Motorradtouristen begeistern. Und wer noch Schnorchel, Flossen und Taucherbrille dabei hat, kann hier seine ersten Tauchversuche starten. Von der Hafenstadt Portoferraio aus startet übrigens nicht nur die Festlandfähre, sondern auch ein Schiff zur fünfstündigen Überfahrt nach Korsika.

Alle Wege führen nach Pisa

Von Cecina aus hat man zwei Nordrouten zur Wahl, von denen beide sehr stark befahren sind. Die 206 präsentiert sich zu allem Verdruß auch noch als echte Truckroute. Wer aus dem Val di Cecina kommt, sollte daher schon sieben Kilometer vor Cecina nach rechts Richtung Riparbella abbiegen. In jedem Fall führen alle Wege diesmal nicht nach Rom, sondern nach Pisa. Der Domplatz im Norden des alten Seemachtzentrums lohnt jede weite Anfahrt auch für weniger Kulturbeflissene. Die einzigartigen Bauwerke – darunter natürlich auch der berühmte Schiefe Turm – und das bunte Treiben vermitteln eine tolle Atmosphäre. Dom, Turm und Baptisterium sind aus weißem Marmor gefertigt, der noch heute in Carrara bei La Spezia abgebaut wird.

Wahre Kurvenorgien offeriert eine Tagesetappe, in der man sich von Pisa – oder wahlweise auch von Florenz aus – nach La Spezia durchkämpfen kann. Sie führt ab Pistoia quer durch den Appennin. San Marcello, Pievepelago, Castelnuovo und Piazza al Serchio heißen die Stationen auf dem Weg zur Riviera. Ausländische Touristen trifft man hier kaum, wohl aber italienische Skifahrer, die in der Umgebung von Abetone bis ins späte Frühjahr hinein Schnee vorfinden. Hier oben wird auch die Straße immer schlechter. Überall fordert Rollsplitt die ganze Aufmerksamkeit. Die Vegetation wird immer karger. Nur wenige Stunden vom Mittelmeer entfernt kann es hier in 1500 Meter Höhe ganz schön kühl werden. In Pievepelago zweigen wir nach links ab, um mit dem Foce di Radici den Höhepunkt der Tagestour zu erreichen.

Die jetzt folgenden 30 Kilometer sind ein wahnsinniges Kurvenwirrwar. Wohl dem, der hier über ein handliches Motorrad verfügt. Die letzten Kilometer bringen überraschende landschaftliche Eindrücke: rote Felsen, von Wind und Wasser zerfressen, dazwischen ein Schwalbennest-Dorf mit dem treffenden Namen Terra rosso (rote Erde). Am Ortseingang von Castelnuovo zweigt rechts die Straße nach Aulla ab. Die unwirtliche Bergwelt liegt endgültig hinter uns; das Tal ist fruchtbar, aber nicht minder reizvoll. Vor allem gibt es endlich wieder Ristorantes. So zum Beispiel am Marktplatz von Piazza al Serchio. Der Rotwein wird hier in riesigen Tonkrügen serviert. Ein unsicherer Blick zum Nachbartisch schafft Klarheit: Zwei italienische Gäste putzen den Liter zum Mittagessen weg. Man kann aber beruhigt etwas im Krug drinlassen. Berechnet wird zum Schluß nur die getrunkene Menge. Die Lasagne ist einfach. Der Salat füllt dafür eine riesige Schüssel. Vielleicht liegt es aber auch nur an unserer Bestellung. Denn hier im Landesinnern hilft nur perfektes Italienisch, um Mißverständnisse zu vermeiden.

Dicker Verkehr zeigt an, daß wir uns auf der 62 nach La Spezia befinden. Runde Kurven schlängeln sich durch Weinterrassen zum Meer hinab. Die Beschilderung ist für hiesige Verhältnisse sehr gut. Man findet mühelos aus der Hafenstadt heraus. Wer Zeit hat, wählt am besten erstmal die Richtung nach Portovenere und dann nach Riomaggiore. Eine breite, weitgeschwungene Traumstraße, von der aus man zuerst einen herrlichen Ausblick über La Spezia und später auf die Steilküste von Riomaggiore hat. Hier ist übrigens Feierabend. Nur Wanderer und die Eisenbahn haben die Möglichkeit, am Fuße der Bilderbuchküste entlangzukommen. Eine weiterführende Straße ist nämlich nur in Planung.

In der Nebensaison ist die gesamte Riviera di Levante — von Genua bis La Spezia — einen ganzen Urlaub wert. Dann findet man auch in den schmucken Touristen-Häfen preiswerte Hotelzimmer. Daß keine Langeweile aufkommt, dafür sorgt das mit zahlreichen Weinterrassen verzierte Hinterland, in dem es von Motorradstraßen nur so wimmelt. In unsere große Italienrundfahrt beziehen wir einen Abstecher nach Levanto ein. Von La Spezia kommend, zweigt hinter Ricco del Golfo eine ungemein holperige, aber landschaftlich schöne Strecke ab. Kurz vor Levanto offeriert sie einen herrlichen Blick über die Küstenregion. Als Überraschung entdecken wir, daß die Zimmerpreise im alten Palace Hotel unter italienischem Durchschnitt liegen. Hinzu kommt ein außergewöhnlich freundlicher Empfang. Die Maschinen können wir im Hof sicher abstellen. Nicht zu verachten ist auch der Campingplatz, der nur wenige hundert Meter vom Zentrum und von der Uferpromenade entfernt ist. Er zieht sich in Terrassen einen kleinen Hügel hinauf. Motorradfahrer sind hier gerne gesehen. Sehr nützlich ist der angeschlossene Krämerladen, da das Restaurantangebot in Levanto nicht besonders groß und daher auch nicht gerade billig ist.

Von La Spezia nach Levanto

Trotzdem sollte man sich zumindest einmal das „Große Fressen" gönnen. Hierzu bieten sich auf der Fahrt von Levanto nach Portofino zahlreiche Gelegenheiten. Schließlich nähern wir uns der genuesischen Küche, die für ihre starken Knoblauchdüfte bekannt ist. An dieser Stelle noch ein Tip, der sowohl für Italien als auch für Frankreich wichtig ist: Möglichst nicht im Hotel frühstücken! Das ist kein Problem, da in den Zimmerpreisen ohnehin kein Frühstück enthalten ist. Nicht selten knöpft man nämlich dem ahnungslosen Touristen fünf bis zehn Mark für ein Stück Weißbrot und eine Tasse Kaffee ab. Dafür bekommt man in der nächsten Bar noch ein Schinken- oder Salamisandwich und ein Stück Kuchen dazu.

Portofino — romantischster Ort an der Riviera

Das Fischerdorf Portofino könnte Höhepunkt und Abschluß unserer Riviera-Kostprobe sein. Einen romantischeren Ort findet man an der ganzen Riviera kaum, auch nicht an der französischen Côte d'Azur. Trotz der touristischen Vermarktung strahlt der ehemalige römische Kriegshafen „Portus Delphini" noch eine recht entspannte Atmosphäre aus. Hier können wir noch einmal südländische Lebensfreu-

60

den genießen — abends am Kai bei Gitarrenmusik den guten Rotwein schlürfen, morgens beim Espresso die Fischer mit ihren bunten Holzbooten beobachten — bevor es über die kurvenreichen Sträßchen des Ligurischen Appennin gen Norden geht.

Oberitalienische Seen

Die oberitalienischen Seen sind für viele Italienreisende nur Durchgangsstation. Das ist eigentlich schade, denn selbst für aktive Motorradfahrer bietet diese Region sehr viel Abwechslung. Hinzu kommen das hervorragende Klima und der relativ kurze Anfahrtsweg. Gerade in den Übergangsjahreszeiten, in denen es bei uns noch recht unfreundlich sein kann, finden wir in den südlichen Voralpen optimales Motorradwetter. Da das Tessin und der Lago Maggiore als Refugium deutscher und schweizer Wohlständler sehr stark privatisiert und überlaufen sind, konzentriert sich unser Interesse auf den Lago di Como, den Lago di Garda und vor allem auf die dazwischen liegende Bergregion.

Ein Produkt der Eiszeit

Geologisch stellen die Voralpenseen fjordähnliche Ausläufer des adriatischen Mittelmeers dar, die von den Endmoränen der Eiszeitgletscher isoliert wurden. Der Comersee liegt nur 200 Meter über dem Meeresspiegel, der Lago d'Iseo 185 Meter und der Gardasee ganze 65 Meter. Schon aus diesem Grunde kann man hier stets mit milden Temperaturen rechnen. Hinzu kommt die geschützte Lage in den engen Bergtälern. Den Comersee erreichen wir leicht über die ganzjährig befahrbaren Julier- und Maloja-Paßstraßen. Letztgenannte passieren wir auch während der in diesem Buch beschriebenen Ostalpen-Tour, in die man als Abwechslung von den Paßfahrten gut einen Abstecher zum Comersee einbauen kann. Von Chiavenna sind es ganze 23 Kilometer bis zum See. Gleich am Nordrand vor Colico liegt ein großer Campingplatz. Wer eine einfache Herberge vorzieht, sollte noch bis Dervio am östlichen Seeufer weiterfahren. Gegenüber vom Bahnhof offeriert die Albergo Stazione saubere Zimmer mit Dusche. Im Erdgeschoß zelebriert der deutsch sprechende Umberto eine erstklassige italienische Küche, wie man sie hier kaum erwarten würde.

Geheimtip in Dervio

Von Dervio aus kann man zu einem sehr schönen Ausflug um den See starten. Er führt uns zunächst auf leider stark befahrenen Straße nach Lecco. Moto Guzzi-Fans werden sich bestimmt nicht einen Blick auf oder sogar in das Werk ihrer Maschinen nehmen lassen. In Mandello geht es hierzu links ab durch die Bahnunterführung. Hinter Lecco läßt der Verkehr plötzlich nach. Wir haben die Hauptroute nach Como, Mailand und Bergamo verlassen und steuern stattdessen wieder nach Norden Richtung Bellagio. An steilen Kalksteinfelsen mit vielen Steinbrüchen entlang fahren wir jetzt in das „Ypsilon" des Sees hinein. Dichter und Musiker der vergangenen Jahrhunderte schätzten Bellagio als milden Winterort. Auf der Landzunge blühen zwei der schönsten italienischen Gärten um die Wette, geziert von alten Grotten, Mauern und Terrassen. Eine lohnende Abwechslung zum „Gasgriffdrehen"! Danach warten wir beim Espresso an der Seepromenade auf die Fähre nach Tremezzo, mit der wir den westlichen Teil des Sees abkürzen und die Industriestadt Como umgehen.

Traumhafte Villen und subtropische Gärten zieren das Westufer. Die Straße ist hier nur noch schmal; kein Fernverkehr stört die Kurvenfahrt. In Menaggio gibt es die letzte Möglichkeit, die Berge im Westen zu überqueren, um den Luganersee oder den Lago Maggiore zu erreichen. Im weiteren Verlauf des Sees steigen nur noch einige hundsmiserable Schotterwege an den Zweitausendern hinauf, die sich aber alle in Geröllhängen verlaufen. Trotzdem lohnt sich für abenteuerlustige Motorradkletterer ein Ausflug, wobei etwas Trial-Geschicklichkeit von Nutzen ist, da manche gepflasterte Dorfstraße mitunter die Form einer Treppe annimmt.

Eine Klasse gesitteter aber nicht weniger aussichtsreich geht es auf dem nächsten Tagesausflug von Dervio aus zu. Wir fahren direkt im Dorf am Monte Legnone empor. Immer wieder bietet sich ein prächtiger Ausblick auf den Comersee. Vorbei an einer Feldspatgrube, die von den Arbeitern über eine waghalsige Seilbahn erreicht wird, fahren wir durch die ursprünglichen Bergdörfer Introzzo und Tremenico. Die Straße windet sich immer schmaler und kurviger am Abgrund des Val Varrone entlang. An der Gabelung in Pagnona halten wir uns rechts und fahren talwärts. Bergauf endet die Straße in Premana. Die letzten Kilometer vor dem Valsassina sind eine überraschend schwungvolle Angelegenheit. Die schmale, oft rutschige Piste weicht einer luxuriösen Bergstraße.

Das Valsassina durchstreben wir zügig, wobei allerdings in Introbbio noch eine Stärkung angebracht ist, denn vor uns liegt ein mehrstündiger Ausflug in die Bergwildnis. Er beginnt, wie so oft, mit einer ganz miserablen Beschilderung. Finden wir sechs Kilometer hinter Introbbio noch die Auffahrt nach Moggio, so stehen wir in dem Wintersportort nur noch vor einem Haufen plattgewalzten Schotters. Rechts unterhalb der Seilbahnstation geht es weiter auf einer Piste, die uns nach Vedeseta bringen soll. Ein Schild sucht man vergebens. Je weiter wir fahren, umso mehr verringert sich der Fahrkomfort, wachsen die Zweifel an der Richtigkeit dieses Unternehmens. Ermutigend ist dafür die für alpine Verhältnisse ordentliche Breite der Trasse. Offensichtlich sollte hier mal eine Straße entstehen. Am Scheitelpunkt der Panorama-Piste schwenkt der Weg nach Norden und senkt sich dann mit einem abenteuerlichen Gefälle in einen Bergkessel. Plötzlich tauchen ein paar Straßenarbeiter auf. In liebevoller Kleinarbeit haben sie die nächste Bergabkehre mit handballgroßen Steinen aufgefüllt: die letzte Prüfung vor der geruhsamen Abfahrt nach Vedeseta und der beeindruckenden Fahrt durch die wilde Schlucht des Enna.

Nach Vedeseta führt keine Beschilderung

In San Giovanni bieten sich zwei Möglichkeiten der Weiterfahrt. Wer zum Comersee zurück möchte, wählt den beschwerlichen aber reizvollen Weg über den Passo di San Marco, einem alten Handelsweg der Venetianer, der aus dem Val Brembana ins Val Tellina (Veltlin) führt. Auf dem Weg zum Gardasee folgen wir hingegen der verwinkelten Traverse zum Lago d'Iseo. Wir wenden uns zunächst gen Süden, um vier Kilometer hinter dem Kurort San Giovanni nach Ambria abzubiegen. Ziel dieser Teilstrecke ist die fantastische Serpentinen-Abfahrt von Selvino nach Nembro. Als Alternative bietet sich stattdessen der Passo della Crovetta an, dessen Westrampe man zwischen San Giovanni und San Pellegrino findet. In beiden Fällen landen wir im Val Seriana, in dem wir deutlich die Nähe der Industriestadt Bergamo spüren.

Die schönste Route von hier zum Lago d'Iseo startet in Cene, steigt dann zum Lago di Endine an und senkt sich schließlich mit herrlichen Ausblicken in Zorzino zum fjordähnlichen Nordwestufer des Iseo ab. Campingplätze sind hier rar. An Hotels hat es in Lovere dafür keinen Mangel. Freunde luftiger Nächte, die nicht wild zelten wollen, finden am Südostufer bei Iseo reichlich Auswahl. Genau wie am Comersee bietet übrigens auch hier die Straße entlang des Westufers die größeren landschaftlichen und fahrerischen Reize. Gleichzeitig meidet man auch wieder den Fernverkehr von Edolo nach Brescia.

Das Westufer ist reizvoller

Je nach Standort (Lovere oder Iseo) bieten sich für die nächste Tagesetappe zwei Durchquerungen zum Lago d'Idro und damit auch zum Gardasee an. Von Iseo kommend, biegen wir drei Kilometer vor Sarezzo nach links ins Val Trompia ab. In zahlreichen Kehren steigt die

Straße am Ende des Tals zu einer der höchsten Paßstrecken der Voralpen auf. Diese mündet von links ein. Sie führt über den 2162 Meter hohen Giogo della Balla und den 2070 Meter hohen Goletto delle Crocette. Wer diese teilweise unbefestigte Route erleben möchte, muß von Lovere aus durch das dicht besiedelte Val Camonica bis Cividate fahren. Dort zweigt die Auffahrt zum Balla-Joch ab.

Im Vergleich zum touristisch erschlossenen Lago d'Iseo ist der Lago d'Idro eine Oase der Ruhe. Der dicht bewaldete See ist ganze zehn Kilometer lang und nur zwei Kilometer breit. Ein ideales Terrain für Zelter, denen der Gardasee zu überfüllt ist. Den von vielen Dichtern umschwärmten „schönsten See Italiens" können wir über drei verschiedene Strecken erreichen. Die attraktivste ist sogar auf der Generalkarte nur schwer zu entdecken. Sie zweigt neun Kilometer östlich von Storo am Lago d'Ampola ab. Eduard Denzel schreibt in seinem hervorragenden Alpenstraßenführer (siehe Seite 187) „. . . das Tremalzosträßchen ist für den geübten Bergfahrer ein einzigartiger alpiner Leckerbissen! Ein für strategische Zwecke kühn angelegtes und fahrtechnisch schwieriges ehem. Militärsträßchen in einer eigenartigen, mehr herben als lieblichen Landschaft. . ."

Das klingt recht dramatisch, ist aber aus der Sicht des Autofahrers kaum übertrieben. Zwar ist die Anfahrt aus dem Ampola-Tal noch sehr zivil, die Abfahrt vom Passo di Tremalzo offeriert jedoch haarige Kehren und nicht minder aufregende Tunnels. Das aus Gründen des Haftungsausschlusses aufgestellte Verbotsschild sollte man ernst nehmen und mit entsprechender Vorsicht vorgehen. Runde 1800 Meter Höhenunterschied bewältigen wir auf dem Abstieg zum Gardasee. Wir verlassen eine wilde, hochalpine Felslandschaft und finden uns in einer subtropischen Umgebung wieder. Die reizvollere Uferstraße zieht sich ausnahmsweise mal auf der Ostseite entlang, die wir über die Touristenmetropole Riva erreichen. Im Osten der Stadt verbergen sich zwischen Olivenbäumen zwei nicht sehr gemütliche Campingplätze. Schönere findet man im wenige Kilometer entfernten malerischen Torbole.

Von hier aus bieten sich zwei sehr unterschiedliche Tagesausflüge an. Während der eine als Garda-Panoramatour bezeichnet werden kann, führt der andere vom See weg zu einer exzentrischen Militärstraße aus dem Ersten Weltkrieg. Den Pasubio-Paß erreichen wir über Rovereto und die SS 46 Richtung Vicenza. Direkt an der Scheitelhöhe des Pian delle Fugazze zweigt die nur in den Kehren asphaltierte Kriegsstraße ab. Sie führt auf knapp 2000 Meter Höhe. Eine waghalsig in den Fels gehauene Trasse bringt uns – hoffentlich heil – hinab zum nur 1000 Meter hohen Passa di Xomo. Über den Passo delle Borcola geht die „Heimreise" nach Rovereto und Torbole.

Weniger anstrengend ist unsere „Panorama-Tour", die zuerst längs durch das Massiv des Monte Baldo führt. Da die von Mori aus ansteigende Straße östlich des Bergkamms verläuft, bietet sie zunächst noch keine Ausblicke auf den See. Hierzu müssen wir einen der Aussichtspunkte über dem Ort Malcesine anfahren. Neben der leicht zugänglichen Bocca di Navene und der Bergstation der Monte-Baldo-Seilbahn ist die Schotterpiste zum Rifugio Chiesa am Monte Altissimo di Nago allerdings nur etwas für ausgesprochene Zweirad-Extremisten. Leider habe ich mich von Verbotsschild und Schranke abschrecken lassen. Erst beim späteren Studium des Denzel-Alpenstraßenführers entdeckte ich folgenden Hinweis: „Erlaubnis zur Befahrung dieses Weges konnte beim Wirt des Berggasthofes Graziani eingeholt werden, wo man gegen ein angemessenes Entgeld den Schlüssel für den Schranken erhielt. Kenner bestätigen immer wieder, daß der Monte Altissimo (2079 m) zu den lohnendsten anfahrbaren Hochpunkten im gesamten Alpenraum zählt". Beim nächsten Mal also nichts wie rauf!

Extrem-Tour auf den Monte Altissimo di Nago

Die Monte-Baldo-Straße führt nun genau nach Süden und mündet im Anbaugebiet des Bardolino, einem trockenen Rotwein. Der gleichnamige Touristenort, Garda und Malcesine sind die einzigen größeren Ortschaften, die wir am Ostufer durchqueren. Die „Gardesana Orientale" wurde als reine Touristenstraße angelegt und hat daher auch kaum Bedeutung für den Durchgangsverkehr. Dieser wird ohnehin durch die in zehn Kilometer Entfernung parallel laufende Autobahn ferngehalten. So kann man die Bummeltour in den engen Fjord des nördlichen Gardasees ungestört genießen.

Nach einer weiteren Nacht in Torbole oder Riva trennt uns nur eine gute Viertelstunde von der Autobahn, die uns in wenigen Stunden wieder zurück nach Deutschland bringen kann. Wer noch einige Tage zur Verfügung hat, verfolgt besser einen weiter westlich liegenden Nordkurs: Durch das Val Rendena und das Valle di Campiglio erreichen wir den Gavia-Paß, einer der Höhepunkte der Ostalpen-Tour (ab Seite 13).

Abb. Seite 66/67:
Die Naturstraße nach Vedeseta zwischen Lage di Como
und Lago d'Iseo (Oberitalien)

Abb. Seite 68/69:
Der malerische Hafen von Torbole am Gardasee (Oberitalien)

Abb. Seite 70/71:
Die wilde Schlucht des Enna zwischen Taleggio
und San Giovanni (Oberitalien)

Abb. Seite 72/73:
Im Bergdorf Montone in Umbrien (Mittelitalien)

Abb. Seite 74/75:
In einem Nebental des Val di Cecina in der Toskana

Abb. Seite 76/77:
Bergdorf oberhalb von Levanto (Riviera)

Abb. Seite 78/79:
Blick auf die terrassierte Steilküste bei
Riomaggiore (Riviera)

III. DER NORDEN

Westnorwegen

Was vor Jahren noch als „Geheimtip" unter Kennern galt, ist längst keiner mehr: Norwegen, das Land der Fjorde und der Mitternachtssonne, ist inzwischen zum beliebten Urlaubsziel geworden. Auch und gerade Motorradfahrer fühlen sich im hohen Norden wohl. Die gängigen Vorurteile, die da heißen: In Norwegen regnet es immer, in Norwegen ist alles so teuer und in Norwegen gibt es viele Mücken, halten längst keinen mehr von einer Ferienreise in dieses herrliche Land ab. Zu Recht, denn – wie Vorurteile nun mal sind – es ist alles halb so wild. In den Sommermonaten regnet es relativ selten, die Preise sind – Alkohol ausgenommen – nur geringfügig höher als bei uns und die Mückenplage ist nicht größer als an jedem x-beliebigen deutschen See auch. Daß Norwegen dennoch zum Alptraum für Motorradfahrer werden kann, liegt an einem Fehler, den fast alle Skandinavien-Neulinge begehen: sie wollen unbedingt zum Nordkap.

Immer wieder kamen uns auf unseren verschiedenen Reisen in Norwegen leicht gestreßt wirkende Motorradfahrer auf total verdreckten und vollbeladenen Maschinen entgegen, nicht selten ein Rentier-Geweih aus Lappland auf den Gepäckberg geschnallt. Wohlgemerkt, auch wir waren am Nordkap. Aber eben nur auf der allerersten Reise. Danach nie wieder. Die lange Anfahrt lohnt sich wirklich kaum, nur um dann auf einem häßlichen, kahlen Felsen zu stehen, der als nörd- *Der Betrug* lichster Punkt Europas bezeichnet wird und es – nebenbei bemerkt – *mit dem Nordkap* noch nicht einmal ist. Es gibt nämlich einen noch weiter nach Norden ins Eismeer ragenden Landzipfel westlich vom Nordkap. Doch die Touristenstraße führt nun mal hierher und jeder, der sich bis dahin durchgekämpft hat, kann sich sein Ankommen mit einem „Diplom" bescheinigen lassen.

Sicher, die Landschaft im Norden ist auf ihre Weise mindestens ebenso beeindruckend wie im Süden. Vor allem die Lofoten-Inselgruppe bei Narvik ist phantastisch (siehe Norwegen-Reportage in „Reisen mit dem Motorrad"). Doch nach vielen hundert Kilometern ist man oft nicht mehr allzu aufnahmefähig. Zumal, wenn man nur wenige Urlaubswochen Zeit hat.

Norwegen ist ca. 2000 Kilometer lang und zwischen 50 und 430 Kilometer breit. Schon allein diese Zahlen müßten deutlich machen, wie unermeßlich die Dimensionen in diesem Land sind; wie langwierig es ist, bis zum Nordkap zu gelangen. Die Entfernung von Oslo aus ist größer als von München bis Sizilien. Wobei man bedenken sollte, daß die E 6 keine vierspurige Autobahn ist. Zwar ist sie jetzt – ganz im Gegenteil zu vielen kleinen Provinzstraßen – durchgehend geteert und gut zu befahren. Aber sie fordert dennoch ihren Tribut an Zeit und Ausdauer. In Norwegen liegt die erlaubte Höchstgeschwindigkeit außerorts bei 90 km/h. Und tatsächlich findet man kaum einen Autofahrer, der schneller fährt. Man hat es nicht eilig in Norwegen. Die deutsche Hektik ist hier gänzlich unbekannt. Wer also nur einen dreiwöchigen Urlaub hat, sollte sich das Nordkap „abschminken", wenn er nicht in einer einzigen Hetzerei gen Norden und wieder zurück jagen will. Der Süden des Landes bietet schließlich landschaftliche Reize in Hülle und Fülle.

Kaum einer fährt schneller als 90 km/h

Als Reisezeit empfehlen sich der Juli und August. Obligatorisch sein sollte für Motorradfahrer eine gute Regenbekleidung. Getreu dem alten Spruch: Es gibt kein schlechtes Wetter, nur unpassende Bekleidung!, muß man für alles gerüstet sein. Wir waren auf unseren Sommerfahrten mit Lederkombi bzw. Fahranzug bekleidet. Die Regenkombis, Überhandschuhe und Gummistiefel lagen obenauf im Reisegepäck. Für Fahrten nördlich des Polarkreises empfiehlt sich auch im Sommer warme Unterwäsche (Angora). Vor Erkältungen braucht man im Norden dennoch keine Angst zu haben, denn selbst bei Hundewetter sorgt die reine, bazillenarme Luft dafür, daß man gesund bleibt. Was sich in jedem Fall bewährt hat, ist ein „Ostfriesennerz" mit Kapuze. Zum einen kann man darin in der Packtasche Wäsche wasserdicht verpacken. Zum anderen hat er uns auf Campingplätzen treue Dienste geleistet. Nieselregen stört nämlich – richtig angezogen – auf dem Motorrad weniger, als beim Zeltaufbau.

Die Übernachtungsfrage ist in Norwegen unproblematisch. Während Hotels relativ teuer und selten sind, gibt es ein ziemlich engmaschiges Netz von Campingplätzen, die größtenteils auch „hytter" vermieten. Diese kleinen Holzhütten sind eine Spezialität Norwegens und nicht nur bei Motorradfahrern beliebt. Deshalb sollte man in der Hauptferienzeit spätestens ab 17 Uhr die Tagesetappe beenden, will man noch eine freie Hütte finden. Sie sind fast alle mit Stockbetten eingerichtet (Schlafsack ist mitzubringen), haben Tisch und Stühle, meist noch einen kleinen Gas- oder Elektroherd. Und auch im Sommer nicht zu verachten: eine gut und rasch funktionierende Heizung. Nachts wird es nämlich kühl. Die Gemeinschaftsdusche und das WC sind in einer separaten Holzhütte untergebracht. Für eine solche 2-Personen-Hütte haben wir 1982 rund 30 Mark bezahlt.

Die „hytter" sind ideal für Motorradfahrer

Wer das Zelt vorzieht, sollte sich einen Daunenschlafsack und eine wärmende Unterlage leisten. Für 2 Personen, 2 Motorräder und ein Zelt muß man auf Campingplätzen etwa 12 Mark bezahlen. Doch es geht noch billiger. Norwegen ist nämlich neben Schweden das einzige europäische Land, in dem wildes Zelten offiziell erlaubt ist. Eine Tatsache, die das Land nicht nur sympathisch macht, sondern auch jeden einzelnen in die Pflicht nehmen sollte. Wenn nämlich die „wilden" Zeltplätze in freier Natur von Touristen verdreckt und mit Abfällen übersät verlassen werden, ist es sicher bald auch in Norwegen mit der Freiheit zu Ende. Jeder sollte sich also verantwortlich fühlen. Es wäre wirklich schade, wenn dieses liberale Gesetz geändert werden müßte. Ermöglicht es doch, gerade da zu zelten, wo die Natur noch unberührt und wild ist. Wo in anderen Ländern längst ein „Betreten verboten"-Schild hängen würde, rechnet man in Norwegen noch mit der Eigenverantwortlichkeit, der Naturliebe und dem Verstand der Touristen.

Zelten ist fast überall erlaubt

Und hier seien gleich die Off-Road-Freunde angesprochen. Querfeldeinfahren ist in Norwegen nicht erlaubt. Man will die Landschaft unversehrt erhalten. Doch Endurofahrer sind dennoch in ihrem Element. Es gibt nämlich abseits der großen Europastraßen genügend ungeteerte, mit Wasser gebundene Straßen. Mit schweren Straßenmaschinen sind sie — zumindest bei Regen — nicht immer besonders angenehm zu fahren.

Gewöhnungsbedürftig sind auch die vielen Tunnels auf bestimmten Strecken. Zum Teil mehrere Kilometer lang, ist es drinnen meist eiskalt und stockfinster. Weder vor noch hinter dir ist ein Lichtschimmer zu sehen. Und — was noch unangenehmer ist — die Tunnels sind nicht belüftet! Bei regem Ausflugsverkehr haben wir zum Beispiel auf dem Weg nach Bergen auf der Nationalstraße 13 Kopfschmerzen bekommen: deutliches Zeichen für eine leichte Kohlenmonoxid-Vergiftung. Wer jemals in der Hauptverkehrszeit auf dem Motorrad durch den Elbtunnel gerauscht ist, kennt das ja. Mir ging nur immer der Gedanke durch den Kopf, was ich tue, wenn die Maschine ausgeht und nicht mehr anspringt. Bei der XT soll das ja schon mal passieren. Wenn man dann keine Möglichkeit hat, sich abschleppen zu lassen, sieht die Sache bestimmt nicht mehr lustig aus!

Die vielen Tunnels sind unangenehm

Das Tankstellennetz in Norwegen ist im Durchschnitt zufriedenstellend. Auch mit Enduros kommt man, bei exakter Etappenauswahl, gut voran. Auf den Fjellen und Gletscherstraßen gibt es allerdings keine Zapfsäulen. Motorrad-Werkstätten findet man hauptsächlich in größeren Städten. Vor der Reise sollte man sich ein Händlerverzeichnis seiner Motorradmarke besorgen, damit man im Notfall rasch eine fachkundige Werkstatt erreicht.

Die folgende Tour beinhaltet einige der schönsten Motorradstrekken Europas. Sie führt über möglichst verkehrsarme, teilweise auch unbefestigte Straßen, die aber von guten Fahrern auch mit schweren Straßenmotorrädern bewältigt werden können. Start- und Zielort ist Oslo, das man mit den komfortablen Schiffen der Jahre-Line von Kiel aus erreichen kann. Die Fähre verläßt täglich um 13 Uhr den Oslo-Kai (ab Autobahnende ausgeschildert) in Kiel und erreicht am nächsten Morgen gegen 8 Uhr Oslo. Ausgeschlafen und um eine kleine Seereise reicher, kann man unverzüglich gen Norden starten. Die 19stündige Überfahrt kostet pro Person ca. 170 Mark (bei 2-Bett-Kabine in der Hauptsaison) und ca. 40 Mark für ein Motorrad.

Mit der Jahre-Linie nach Oslo

Nur etwa vier Kilometer vom Fährkai in Oslo entfernt befinden sich einige Museen, die sicher auch das Interesse weniger Kulturbeflissener wecken: Neben Wikingerschiffen liegen hier das Balsa-Floß Kon-Tiki und das Binsenschiff Ra von Thor Heyerdahl und das Polarschiff Fram, mit dem Fridtjof Nansen seine Expeditionen unternommen hat. Wer mit der Jahre-Line auch wieder zurückfährt, kann sich den unbedingt lohnenden Museumsbesuch für den letzten Tag aufheben. Da die Fähre auch ab Oslo um 13 Uhr startet, bietet sich der Abfahrtsmorgen an. Die Museen liegen auf der noblen Halbinsel Bygdöy, direkt gegenüber des Jahre-Line-Terminals. Wer morgens um 10 Uhr dort ist, kann noch vor dem großen Besucherstrom hinein.

Um nach Andalsnes, dem nördlichsten Punkt dieser Reise, zu gelangen, bieten sich nun einige Möglichkeiten an. Die unserer Ansicht nach schönste ist, zunächst auf der E 68 bis Hönefoss zu fahren, dann auf der 245 am Randsfjorden entlang bis Fagernes, wo man auf die 51 abbiegt. Sie führt durch eine Fjell-Landschaft (Fjell = Hochebene), die erste nachhaltige Eindrücke von der Schönheit Norwegens vermittelt. In Vagamo angekommen, zweigt eine unbedingt empfehlenswerte, unbefestigte Mautstraße, genannt Sladalsveien, ab. Sie ist gut befahrbar und stößt bei Lesja auf die E 69. Pro „motorsykkel", wie in Norwegen Motorräder genannt werden, sind etwa zwei Mark zu bezahlen, die man in eine Art Briefkasten steckt. Danach kann man die Schranke öffnen und der Weg ist frei. Unehrliche können freilich auch ohne Bezahlung die Schranke öffnen. Doch soviel Vertrauen sollte man nicht ausnützen. Es ist zu selten geworden.

Zwei Mark Maut für ein Motorrad

Von Oslo bis Vagamo sind wir jetzt runde 350 Kilometer gefahren. Wer also die Tagesetappe hier irgendwo beschließen will, kann sich

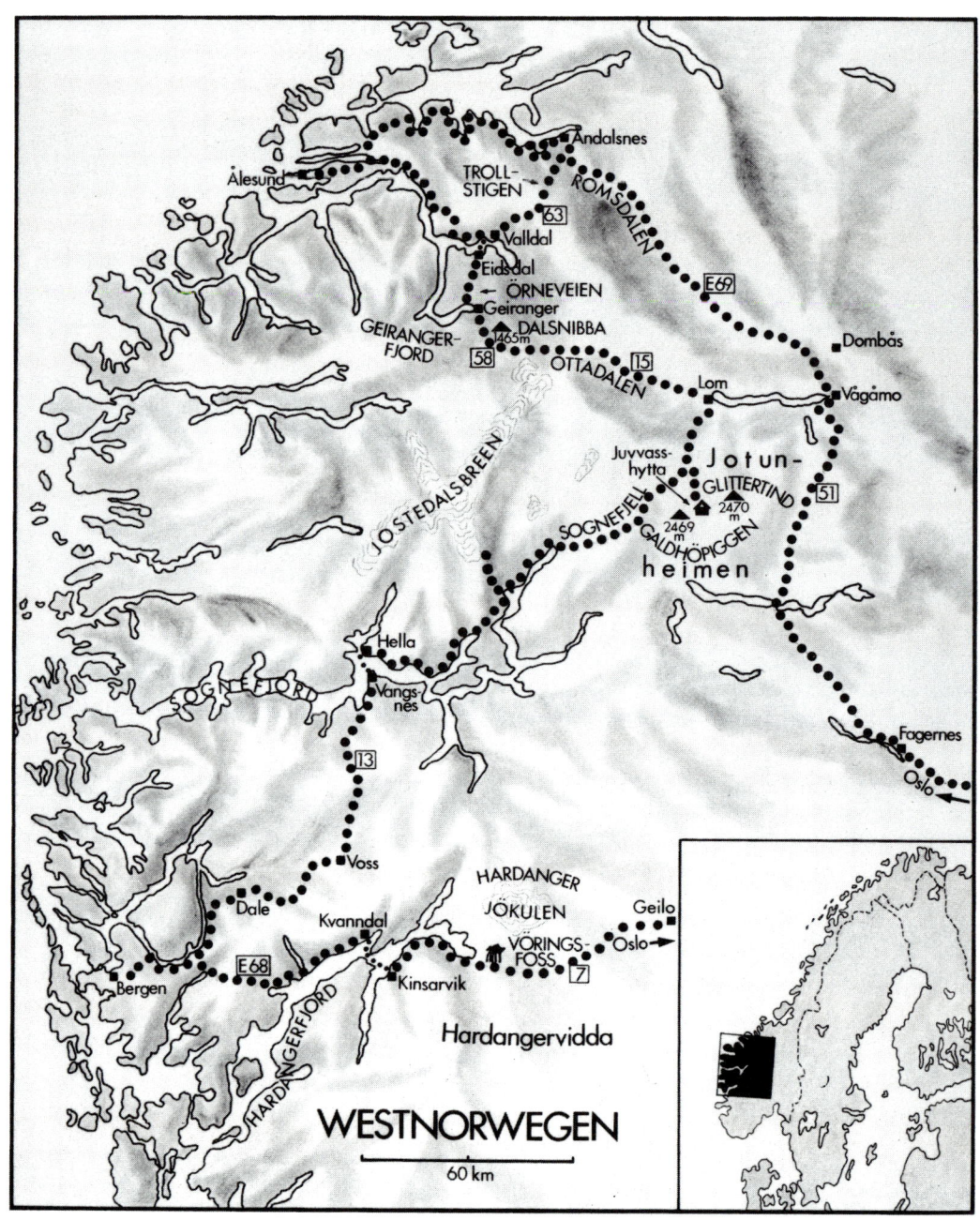

WESTNORWEGEN

60 km

auf der 35 Kilometer langen Mautstraße genügend herrliche Plätze zum Zelten suchen. Auf der Hochebene fließt sogar ein Fluß.

Von Lesja aus führt die E 69 durch wunderschöne Täler. Riesige Wasserfälle stürzen links und rechts von den Felsen und nähren den Fluß Rauma, der gewaltig anschwillt und sich tobend dem Meer entgegenwälzt. Er zwängt sich schäumend durch enge Schluchten; sein hellgrünes Wasser fasziniert den Betrachter dieses Naturschauspiels. Hinter Verma wird er allmählich ruhiger. Das Romsdalen beginnt, eines der beeindruckendsten Täler Südnorwegens. Hier steht die höchste senkrechte Gebirgswand Europas, die Trollwand im Trolltindmassiv. Klettertouren in ihr zählen zu den schwierigsten der Welt. Im Tal geht es beschaulicher zu. Am Straßenrand blühen Glockenblumen, Kamille und wilder Klee. Der Fluß hat jetzt seine Farbe gewechselt: In einem dunklen Grün fließt er dahin, als ob die tosenden Stromschnellen nicht gewesen wären. Angler stehen an seinen Ufern. Gilt doch der Rauma als einer der lachsreichsten Flüsse Norwegens.

Die Felswände im Romsdalen

Wohl kaum ein Norwegen-Fahrer wird die Angel zu Hause lassen. Fische gibt es in diesem wasserreichen Land mehr als genug. Zuvor muß man sich jedoch eine Fischereikarte holen, die in jedem Postamt oder in Touristenbüros für etwa 10 Mark angeboten werden. Sie gilt ein Jahr und berechtigt zum Angeln in Süßwasser. Zusätzlich muß man dann an dem jeweiligen See oder Fluß einen Erlaubnisschein von der zuständigen Gemeinde holen. Im Meer und damit auch in den Fjorden ist das Angeln frei.

In den Fjorden ist das Angeln frei

Fünf Kilometer vor Andalsnes zweigt die 63 nach Westen ab. Hier beginnt eine der aufregendsten Straßen Norwegens: die „Trollstigen". Sie führen in ein immer enger werdendes Tal, auf eine gigantische Felswand zu. Gerade wenn man meint, umkehren zu müssen, beginnen die „Stigen". Jede Kehre ist mühsam in die Felswand getrieben. „Trollstigen" wurden sie genannt, weil man einst dachte, daß nur Fabelwesen diesen Felshang bezwingen könnten. Heute fahren selbst Wohnwagengespanne hinauf, obwohl die letzten Kehren noch ungeteert sind. Auf halber Höhe etwa sprüht die Gischt des Stigfoss-Wasserfalls über die Straße. Wer hier nahe an den Rand treten will, sollte schon schwindelfrei sein.

Nach elf Kehren sind wir oben. Wer nun hungrig geworden ist, sollte dennoch widerstehen. Die Kafeteria mit ihren Kitsch-Souvenirläden ist nämlich nicht nur ungemütlich, sondern auch ziemlich teuer. Knapp 20 Kilometer weiter, in Gudbrandsjuvet, ist rechts eine kleine Kafeteria, wo man wesentlich gemütlicher sitzt und zivilere Preise bezahlt. Gleich gegenüber ist übrigens ein Campingplatz.

Die 63 führt nun hinunter zum Norddalsfjord. Auf der 58 fahren wir Richtung Alesund. Gleich hinter Valldal kommen drei lange, finstere Tunnels. Alesund schließlich empfängt uns verschlafen. Es ist Sonntag und die Stadt wirkt wie ausgestorben. So verlassen wir die einsamen Gassen, fahren zurück auf der E 69 und biegen am Stadtrand bei Olsvik links ab auf reizvolle Nebenstraßen. Sie führen zunächst am Ellingsörfjord entlang, nach Vatne. Hier verlassen wir die Küste und zweigen auf eine unbefestigte Naturstraße nach Fiksdal. Oben auf den kargen Höhen blüht weiß-flaumiges Wollgras. Auf vereinzelten Gehöften winken uns die Bauern freundlich zu, als wir vorbeifahren. Nun geht es wieder an Fjordarmen entlang nach Fagervika, wo wir dem Schild „Rom" folgen. Das heißt soviel wie Raum, Zimmer, und tatsächlich kommen wir nach wenigen Metern zu einem Haus. Die Besitzerin, eine junge Frau, vermietet uns ein winziges Gartenhäuschen, das zum Gästehaus ausgebaut ist. Vier Betten stehen drin, eine Heizung arbeitet bereits auf vollen Touren, und auch eine Kochplatte fehlt nicht. Mit der Zeit gewöhnen wir uns sogar daran, jedesmal den Kopf einzuziehen, wenn wir durch die etwas niedrig geratene Türe gehen. WC und Dusche sind im Nebenhaus untergebracht. Für diesen „Komfort" bezahlen wir für vier Personen zusammen 60 Kronen (rund 24 Mark).

Am Romsdalsfjord entlang führt die E 69 nun zurück nach Andalsnes, wo wir mit Begeisterung erneut über die Trollstigen fahren. Diesmal folgen wir der Hauptroute gen Süden und setzen mit der Fähre von Linge nach Eidsdal über.

Auf Reisen in Norwegen muß der Tourist immer wieder die Straße mit einer Fähre tauschen. Diese meist kurzen Strecken kosten zwischen 4 und 12 Mark pro Motorrad. Auf den Schiffen gibt es in der Regel eine Kafeteria. Und falls man gerade eine Fähre verpaßt hat und auf die nächste warten muß, kann man sich auch an der Anlegestation

in einem Kiosk verpflegen. „Pölser" gibt es hier überall, die norwegische Variante der „hot dogs", ebenso geschmacklos übrigens wie die amerikanische. Dazu gibt es „Brigg", das fast alkoholfreie Bier, über dessen Geschmack man ebenfalls geteilter Meinung sein kann. Im Gegensatz zu „richtigem" Bier ist „Brigg" auch an Kiosken zu bekommen. Alkohol darf in Norwegen nämlich nur über ein staatliches Monopol verkauft werden. Da kann es dann schon passieren, daß man für ein Gläschen Bier stolze 10 Mark berappen muß. Wein ist sogar noch teurer, und nur in Hotels und Restaurants zu bekommen. Doch das weiß jeder Skandinavien-Reisende schließlich vorher.

88

Hinter Eidsdal wird die Straße entgegen den Angaben auf unserer Landkarte plötzlich unbefestigt. Da es gerade regnet, ist es ziemlich rutschig. Ein Ami-Schlitten vor mir kommt regelmäßig quer durch die Kehren. Und dennoch ist die Strecke faszinierend. Dann sind wir plötzlich da: Tief unter uns liegt er, der bekannteste Fjord Norwegens, der Geiranger. Inmitten dieser Bergriesen liegen zwei Ozeanschiffe im Fjord. Durch enge Felsschluchten haben sie sich vom Meer her bis Geiranger gezwängt.

Auf den Örneveien, den Adlerwegen, wagen wir den Abstieg. Elf enge Kehren führen hinunter zum Wasser. Nur die obersten drei sind noch ungeteert. Fantastische Ausblicke auf den Fjord und die berühmten „Sieben Schwestern"-Wasserfälle lassen uns in den Kehren anhalten. Im Reiseführer steht, daß die Örneveien nur „geübten Autofahrern" zu empfehlen seien. Mit unseren Motorrädern sind sie geradezu ein Genuß. Direkt am Fjord, nach der letzten Kehre des Adlerweges, liegt übrigens ein empfehlenswerter Campingplatz. Doch so schön dieser Fjord ist, das Dorf Geiranger selbst ist von Touristen übersät. Hotel reiht sich hier an Hotel, und so verlassen wir den Ort rasch wieder. Wir fahren auf unbefestigten Straßen hinauf zum Fjell. Oben zweigt eine Mautstraße ab auf den Dalsnibba, den höchsten Berg in dieser Region. Man hat eine einzigartige Aussicht auf den Geiranger-Fjord von dort oben, 1465 Meter über dem Meer.

Die Örneveien führen hinab zum Geirangerfjord

Wenige Kilometer weiter muß man sich entscheiden, in welche Richtung es weitergehen soll. Wer auf dem schnellsten Weg nach Bergen möchte, sollte sich nach rechts orientieren und auf die 15 Richtung Stryn biegen. Er wird gleich nach der Abzweigung durch drei lange Tunnels kommen, die brandneu und gut ausgebaut, aber dennoch nervtötend sind. Eine herrliche Straße führt dann in weiten Kurven durchs Gebirge nach Stryn. Hier gibt es gleich am Ortseingang rechts in „Blaalid's Bakeri" die besten und billigsten Kuchen. Auch jede Menge Warenhäuser und Souvenirläden säumen die Straßen des Städtchens. Auf engen Fjordstraßen geht es dann über die 60, die 14 und die 5 zum Sognefjord, dem größten Fjord Norwegens, und nach Dragsvik zur Fährstation.

Die Ladenstraße von Stryn

Die weitaus schönere Variante, nach Bergen zu gelangen: oben an der Kreuzung hinter dem Dalsnibba nicht nach Stryn, sondern auf die 15 Richtung Lom abbiegen. Durchs liebliche Ottadalen führt die Route nach Lom, wo sich ein gutes Kaufhaus mit Campingzubehör, Werkzeug etc. befindet. Unbedingt sehenswert ist hier auch die einzigartige Stabkirche.

Von Lom aus nehmen wir die 55, die uns mitten ins Jotunheimen (das „Heim der Götter") führt, unter die Räder. Dies ist eine der schönsten Routen in Südnorwegen und man sollte sich unbedingt Zeit dafür nehmen. Sehr empfehlenswert ist zum Beispiel ein Ausflug auf die Juvasshytta, die in 1880 Meter Höhe liegt. Eine unbefestigte Mautstraße (5 Mark pro Motorrad) führt von Galdesand aus bis zum Gipfel. Sie ist vielleicht nicht unbedingt für blutige Anfänger geeignet, aber jeder, der sie bezwungen hat, wird sie als eine der schönsten Straßen bezeichnen, die er je gefahren ist. Sie führt bis weit über die Baumgrenze und endet in einem Hochtal zwischen den beiden höchsten Gipfeln Nordeuropas, dem Glittertind und dem Galdhöpiggen. Hier steht die Juvasshytta, die vielen Bergsteigern als Basislager und Ausgangspunkt für Bergtouren dient. In einer Kafeteria kann man sich bei heißem Kakao oder Kaffee von der Fahrt erholen und ein bißchen aufwärmen. Selbst im Juli liegt nämlich in dieser Höhe noch Schnee. Insgesamt ist die Strecke von der Mautstation bis zur Hütte nur 20 Kilometer lang. Man muß für sie aber — inklusive Fotostops — gut eine Stunde Zeit einplanen. Es lohnt sich!

Zur 1880 Meter hohen Juvasshytta

Wieder unten angekommen, führt die 55 nun durch eine landschaftlich besonders beeindruckende Gegend, durch Jotunheimen und über das Sognefjell. Wir sind diese Straße — sie ist größtenteils unbefestigt — gleich mehrmals gefahren, so sehr hat sie uns fasziniert. Dabei spielt es keine Rolle, ob die Sonne scheint. Gerade bei bedecktem Wolkenhimmel wirkt diese Urwelt noch intensiver. Auf den baumlosen Hochebenen weht ein kühler Wind. Weiße Steinbrocken liegen zwischen den blassen Grasbüscheln. Doch Vorsicht, nicht erschrekken, wenn diese „Steine" plötzlich Beine bekommen und auf die Straße springen! Es sind nämlich Schafe, die dort oben zu hunderten unbewacht umherziehen, immer in Dreier-Grüppchen: ein behäbiges Mutterschaf und zwei Jungtiere. Kaum halten wir unsere Motorräder an, kommen einige auf uns zugerannt, beschnüffeln die Maschinen, knabbern an den Fußrasten und Blinkern, lassen sich kraulen und — natürlich — füttern. Brotreste kann man auf diese Weise sehr sinnvoll loswerden.

Abfahrt zum König der Fjorde

Die Abfahrt vom Sognefjell zum Fjord hinunter ist ein einziger Motorradfahrer-Traum. Dann erreichen wir hinter Fortun erstmals den Lustrafjord, längster Finger des Sognefjords, des „Königs der Fjorde". Über 175 Kilometer tief hat er sich in die Bergwelt gefressen. Gletscher haben diese riesigen Täler gegraben, die dann nach dem Absinken des Bodens mit Meerwasser gefüllt wurden. Noch kurz zuvor in der Eis- und Schneewelt des Fjells, fühlt man sich am Sognefjord plötzlich ins milde Tessin versetzt. Hier gedeihen sogar Erdbeeren.

Nach gut 20 Kilometern kehren wir dem Fjord den Rücken und biegen rechts ab zu einem weiteren Höhepunkt der Reise: ins Jostedalen. Hinter Gaupne zweigt die 604 in dieses Tal am Rande des mit 1252 qkm größten Gletschers des europäischen Kontinents, des Jostedals- *Der größte* breen, ab. Etwa 30 Kilometer weiter, in Gjerde, biegen wir nach links *Gletscher des* auf eine Mautstraße und müssen schließlich in Berset die Maschinen *Kontinents* endgültig stehen lassen. Ab hier geht's nur noch per Miet-Boot über den Gletschersee, oder zu Fuß weiter. Wer die Gelegenheit nutzen und einen Spaziergang machen will, muß über Geröll und Steine gut eine Stunde für den Weg bis zum Gletscher rechnen. Der Fußmarsch bleibt in jedem Fall unvergeßlich.

Nach der Gletschertour fahren wir auf der 55 weiter bis Dragsvik und setzen mit der Fähre über nach Vangsnes (ca. 8 Mark für ein Motorrad mit Fahrer). Die 13 bringt uns nun über kühle Hochebenen nach Voss. Von hier aus gibt es wieder zwei Wege nach Bergen. Die Hauptroute führt über die E 68 am Hardangerfjord entlang. Etwas kürzer und vor allem für Bergstraßen-Fans reizvoller ist die Fortsetzung der 13. Sie scheint sich mitten durch die Schluchten des Balkans zu schlängeln, durch ein faszinierend wildes Gebirgsmassiv, Bergsdalen genannt. Wir fahren durch unglaublich enge und verwinkelte Kurven, durch etliche kleine, nur einspurige Tunnels. Das Verrückte dabei ist, daß diese Strecke von Bussen und LKWs in beiden Richtungen frequentiert wird. Man sollte also die herrlichen Kurven möglichst piano angehen, denn dahinter kann urplötzlich ein Stau sein. Außerdem lohnt es sich, ab und zu einen Blick in die Tiefe zu werfen: die Aussicht ist faszinierend.

Auf der Weiterfahrt nach Bergen nerven uns dann, wie schon erwähnt, zahlreiche und endlos lange Tunnels. Doch irgendwann sind wir endlich auf „unserem" Campingplatz in Grimen. Er liegt an einem *Camping* kleinen See, ist sehr sauber,nicht zu groß und nur etwa 10 Kilometer *vor den Toren* vor den Toren Bergens. So braucht man auch auf einen abendlichen *Bergens* Kneipenbummel nicht zu verzichten.

Bergen ist die zweitgrößte Stadt Norwegens, aber mit Oslo nicht zu vergleichen. Hier herrscht Leben, Fröhlichkeit. Und das, obwohl die Stadt zu den regenreichsten Europas zählt. Fast täglich öffnet der Himmel über Bergen seine Schleusen zu einem kurzen, kräftigen Guß. Die Bewohner dieser Stadt nehmen den täglichen Segen von oben gelassen hin und kleiden sich entsprechend: schon kleinen Kindern wird der „Ostfriesennerz" verpaßt.

Hat man sich auf der Fahrt hierher überwiegend in den Kafeterias am Straßenrand ernährt, wo man zwischen Fleischklößchen, Fischfilet und Hühnchen wählen kann, so gibt es in Bergen jede Menge Restaurants, ja sogar eine Pizzeria und einen Chinesen. Sehr zu empfehlen — wenn auch nicht gerade billig — ist das „Tracteursted". Es liegt in einem alten Holzhaus im Zentrum am Hafen und bei Sonnenschein kann man sogar richtiges Bier im Freien trinken. Hier gibt es nämlich welches. Wenngleich das Glas an die acht Mark kostet!

Lachs und fangfrische Krabben

Keinesfalls entgehen lassen sollte man sich den allmorgendlichen Fischmarkt in Bergen. Nirgends sonst in Europa bekommt man besseren und preiswerteren Lachs. Doch auch die fangfrischen Krabben sind eine Delikatesse. Da sie schon auf den Fischerbooten gekocht und gesalzen werden, kann man sie direkt auf dem Markt verzehren. Zum Nachtisch bieten sich vom benachbarten Obstmarkt Erdbeeren an, die — mit Verlaub — auch wesentlich fruchtiger schmecken als unsere fade EG-Ware.

Um eine Vorstellung von der Hanse zu bekommen, die für Bergen sehr wichtig war, lohnt sich ein Besuch im „Hanseatiske Museum". Für fünf Kronen kann man sich der deutschsprachigen Führung anschließen. Durchaus lohnenswert ist auch der Weg nach „Gamle Bergen", einer Art Freilichtmuseum am Stadtrand. Hier wurden alte Holzhäuser aus der ganzen Stadt „gesammelt", fachgerecht wieder aufgebaut und so der Nachwelt erhalten. Es gibt eine alte Bäckerei und ein Restaurant dort, die sogar noch in Betrieb sind.

Wir verlassen Bergen, wie wir gekommen sind: auf der E 68. Die Route am Hardangerfjord entlang vermittelt uns das Gefühl, in Italien zu sein. Es wird mit einem Mal richtig warm. Der sonst in Norwegen

Autostau am Hardangerfjord

so spärliche Verkehr staut sich hier kilometerweit, weil die Straßen am Fjord entlang so schmal sind, daß an einigen Stellen noch nicht einmal zwei Autos aneinander vorbeikommen. Selbst als Motorradfahrer kommt man oft nicht mehr weiter und muß warten. Dann gelangen wir zur Fährstation Kvanndal, von wo aus wir nach Kinsarvik übersetzen müssen. Etwa 200 bis 250 Autos stehen schon vor uns. Als Motorradfahrer hat man's da gut: kaum rollen wir auf den Platz, winken uns die Bediensteten der Fähr-Linie nach vorne, direkt zur Anlegestation. Motorradfahrer müssen nicht anstehen. Sie kommen immer noch in einem Eckchen der geräumigen Fähre mit. Manch ein Familienvater hat uns da schon etwas neidisch nachgeblickt.

Nach der Überfahrt (ca. 12 Mark für ein Motorrad mit Fahrer) müssen wir feststellen, daß auch in Kinsarvik ziemlich viel los ist. Der Campingplatz gleich neben der Fährstation ist überfüllt, häßlich und laut. Da es schon ziemlich spät ist, beschließen wir, trotzdem zu bleiben. Am nächsten Morgen erst stellen wir fest, daß nur neun Kilometer weiter ein recht idyllischer Campingplatz direkt am Eidfjord gewesen wäre, wo noch dazu sehr wenig Leute waren.

Einige Kilometer hinter dem Ort Eidfjord gelangen wir über eine schöne Bergstraße zum Vöringsfoss. Wir wären an diesem Natur-schauspiel beinahe vorbeigefahren, lassen uns dann aber von einer Kafeteria am Straßenrand zum Halten bewegen. Zwei gigantische Wasserfälle stürzen hier in einen Canyon. Ihre Gischt produziert ei-nen permanenten Regenbogen, vorausgesetzt die Sonne scheint. Mit Kameras bewaffnet, pilgern wir auf ein Plateau, von wo aus wir — völ-lig ungesichert durch irgendwelche Absperrungen übrigens — in die schwindelerregende Tiefe fotografieren.

Naturschauspiel am Vöringsfoss

Die 7 führt uns weiter über die Hochebenen der Hardangervidda. Auf dem Fjell bläst ein scharfer Wind von rechts, so daß wir ständig in Schräglage fahren, obwohl die Straße schnurgeradeaus führt. Ab Geilo beginnen dann die Wälder, die uns bis Oslo begleiten sollen. Immer wieder warnen uns Schilder vor Wildwechsel. Statt einem Hirsch ist auf dem Verkehrsschild allerdings ein Elch abgebildet. Lei-der haben wir keine Gelegenheit, Bekanntschaft mit diesen riesigen, sanften Tieren zu machen.

Die Strecke bis Hönefoss ist vergleichsweise eintönig und dann sind wir auch schon wieder in Oslo. Die Rundreise ist zu Ende. Eine reizvolle Variante zu dieser Route ist übrigens, von Bergen aus in den Süden nach Kristiansand zu fahren. Von hier aus verkehren die Fäh-ren der Fred. Olsen Lines nach Hirtshals/Dänemark. Wer also noch et-was Zeit hat, kann auf der Heimfahrt gleich Dänemark kennenlernen.

Finnland

Zweifelsohne ist Norwegen, das von Weltreisenden zu den schön-sten Ländern der Erde gezählt wird, die Perle des Nordens. Aber auch die anderen skandinavischen Nachbarn bieten gerade naturverbunde-nen Motorradfahrern eine ganze Menge. Das Fahren als Selbstzweck zur Erkundung einer grandiosen Landschaft tritt hier allerdings in den

Hintergrund. Schweden und Finnland bieten nicht die spektakulären Kontraste wie das zerklüftete Norwegen. Die Zeugen der Eiszeit sind hier keine wilden, tiefen Fjorde, sondern die eher lieblichen, flachge- schliffenen Schären an den Südküsten. Dieser — flächenmäßig übri- gens riesige — Teil Skandinaviens lebt von seinen Seen und Wäldern. Wer in Angel-, Boot- und Hüttenromantik die Erfüllung seiner Ur- laubsträume findet, ist hier richtig. Vor allem Finnland ist ein Anti- Streß-Paradies par excellence. Nordland-Fan Achim Biedermann hat es schon wiederholt mit dem Motorrad erkundet und nennt im folgen- den Kapitel die wichtigsten Infos und schönsten Strecken:

Man nennt es das Land der tausend Seen und untertreibt dabei maßlos. Über 60.000 der kristallklaren, glitzernden Gewässer bedek- ken Finnlands Fläche. Das Wasser, die tiefgrünen Wälder, die unbe- rührte Natur und die völlige Abgeschiedenheit sind die Schätze dieses Landes, das für Motorradfahrer geradezu geschaffen ist. Einsame Landstraßen schlängeln sich durch die urwüchsige Wildnis, kaum be- fahren von den nur fünf Millionen Einwohnern. Enduro-Fahrer lockt ein Paradies von Waldwegen, Schotterpisten und Holperpfaden, die als öffentliche Straßen dem Verkehr freigegeben sind.

Für die Anfahrt in dieses Motorrad-Eldorado stehen im wesentli- chen drei Routen zur Verfügung. Der schnellste, aber auch der teuerste Weg ist die direkte Verbindung von Travemünde nach Helsinki mit dem modernen und komfortablen Fährschiff „GTS Finnjet". Das mit Flugzeugturbinen ausgestattete Schiff bewältigt die Distanz in 22 Stunden. Einen Tag mehr muß einplanen, wer den Landweg über Dä- nemark und die Fährverbindung Stockholm – Turku wählt. Der Fähr- preis liegt unter dem der Direktverbindung; allerdings müssen Zeitver- lust und Benzin eingerechnet werden. Sehr teuer wird auch der lange Landweg auf der E 4. 1500 Kilometer von Kopenhagen über Stock- holm zur finnischen Grenzstadt Haparanda und von dort noch 750 Kilometer bis nach Helsinki kosten nicht nur sehr viel Zeit, sondern auch eine ganze Menge Benzin.

Die finnische Hauptstadt Helsinki als Ausgangspunkt einer Rund- reise ist der einzige Ort in diesem skandinavischen Land, dessen pul- sierendes Leben und dichter Verkehr mit westeuropäischem Standard vergleichbar wäre. Architekturliebhaber schwärmen von dieser Stadt. Die aus dem Stein herausgesprengte Felsenkirche, die Uspenski-Ka- thedrale mit ihren vergoldeten Zwiebelkuppeln oder das von dem Berliner Architekten C. L. Engel errichtete Stadthaus sind Anziehungs- punkte für Touristen aus aller Welt. Als Motorradfahrer tut man sich in Helsinki jedoch schwer. Nach wenigen Metern schon hat man sich meist hoffnungslos in der hügeligen Stadt verirrt. Kein Wegweiser nämlich trägt den Namen der nächstgelegenen Stadt. Ein Gewirr von Zahlen und Buchstaben, auf winzigen Tafeln über der Straße angebracht, dient der Orientierung. Es dauert eine Weile, bis man sich auf dieses Wegweisersystem nach Straßennummern eingestellt hat.

Strahlenförmig gehen von der Stadtgrenze Helsinkis etwa hundert Kilometer Autobahn aus, die einzigen, die es im ganzen Land gibt. Eine breit ausgebaute Landstraße führt nach Lahti, dem berühmten Wintersportort. Von hier sind es nur 25 Kilometer nach Vesivehmaa, einem kleinen Weiler unmittelbar an der E 4. Auf einer Anhöhe hinter der dortigen Tankstelle liegt „Körri", Skandinaviens einziges Motorradhotel. Risto Komonen, schwergewichtiger Besitzer und Velocette-Sammler, ist immer zu Benzingesprächen aufgelegt (Adresse: Motel Körri, SF-17130 Vesivehmaa, Telefon: 918/844158). Unweit von „Körri" existiert ein Trial-Gelände, auf dem im Sommer Kurse mit Weltmeister Yrjo Vesterinnen stattfinden.

Das einzige Motorradhotel

Wen der Ruf des hohen Nordens lockt, der folge von hier aus nur immer dem grünen Schild mit der Aufschrift E 4. Die Straße, die sich wie ein Bandwurm durch Skandinavien schlängelt, führt auf ihrem Weg nach Jyväskylä am Ufer des Päijänne-Sees entlang. Die spiegelglatte Oberfläche ist kaum durch die sonst so häufigen Inseln unterbrochen. Die Fahrt durch diese so unberührt scheinende Landschaft ist faszinierend und doch monoton: das klare, blaue Wasser des Sees, dazwischen dichte Baumgruppen, durch deren Wipfel die Sonnenstrahlen blitzen, und dann wieder die reflektierende Wasseroberfläche. Kilometerlang führt die Fahrbahn geradeaus. Es ist kaum Verkehr. Oft fährt man zehn Minuten, ohne einem Auto zu begegnen. Die Eiszeit hat deutliche Spuren hinterlassen. Die Straße ist ein ständiges Auf und Ab. Riesige Bodenwellen sind oft so hoch, daß sie den Blick in die Ferne versperren.

Die gemächliche Gangart wirkt sich günstig auf den Spritverbrauch aus. Trotzdem reißt jeder Tankstop ein tiefes Loch in die Kasse. Der Benzinpreis ist rund 50 Prozent höher als in Deutschland. Er enthält nämlich bereits die Kraftfahrzeugsteuer.

Geringer Verbrauch, aber hoher Benzinpreis

Stetig strebt die E 4 gen Norden, immer gesäumt von tiefgrünen Wäldern und silbrigblau schimmernden Seen. Kurz vor Oulu trifft sie auf die Ostseeküste. Etwas außerhalb der Bezirkshauptstadt findet man am Wegrand ein blaues Schild mit einer stilisierten Hütte und einem Baum. Hier liegt eines der unzähligen Hüttendörfer, die über ganz Skandinavien verstreut sind. Die kleinen, gemütlichen Holzhäuser erleichtern das Gepäckproblem erheblich. Zelt, Luftmatratze und Gaskocher können getrost zu Hause bleiben. Im Innern der Hütte gibt es Betten, Herdplatten, elektrisches Licht, eine Heizung und meist noch Tisch und Stühle. Nicht selten findet man in den Hängeschränken auch Töpfe, Geschirr und Besteck. Zum Schlafen sind regelmäßig zumindest Kopfkissen und Decke vorhanden. Morgens kann es dann zeitig weitergehen. Das umständliche Zeltabbauen entfällt.

Am Kemijoki entlang zum Polarkreis

20 Kilometer vor der schwedischen Grenze folgt eine breite Straße dem Lauf des Kemijoki Richtung Rovaniemi. Der tiefe Fluß führt Tausende von Baumstämmen mit sich. Es ist erstaunlich, mit welch artistischem Geschick sich die Flößer auf dem glitschigen Holz halten. Wenige Minuten hinter Rovaniemi kreuzt der Polarkreis unseren Weg. In einem riesigen Zentrum werden kitschige Souvenirs an den Mann gebracht. Hier hat der Touristenrummel auch vor Finnland nicht haltgemacht. Einsamer ist es da schon in Karelien, das man von dem modernen Rovaniemi aus über die Hauptstraße 5 erreicht. In diesem Teil Finnlands wie vor allem auch in Lappland gilt der Grundsatz, daß der kürzere Weg nicht immer der schnellere ist. Jede Biegung einer Nebenstraße kann die Überraschung bringen: plötzlich ist die Straße weg! Wo vorher noch spiegelnder Asphalt seinen Weg suchte, ist nur noch Schotter und Geröll zu finden. Ein ausgetrocknetes Flußbett würde nicht anders aussehen. Vollbepackt schwimmen die Maschinen auf dem losen Untergrund wie auf Schmierseife. Dazwischen plumpsen die Räder immer wieder in tiefe Schlaglöcher.

Erholsam ist nach so einer Tortur ein Halt an der nächsten „baari", die jeder Tankstelle angegliedert ist. In diesen kleinen Selbstbedienungskafeterien stehen schon dampfender Kaffee, köstliche Backwaren und herzhafte Sandwichs bereit.

Abstecher zur russischen Grenze

Die abwechslungsreiche Natur Kareliens ist aber fast schon Entschädigung genug. Weit streift der Blick über die dichten Nadelwälder bis hinüber nach Rußland. Die Fahrt zur Grenze ist allerdings ernüchternd. Dichtes Gehölz versperrt die Sicht nach drüben. Wachtürme ragen in den Himmel. Bildtafeln unterstreichen die eindringlichen Verbotsschilder in sechs Sprachen. Ein unfreundlicher Ort!

Fast eine Tagestour zieht die Straße entlang der russischen Grenze. Langgezogene Kurven ohne Gegenverkehr lassen Motorradfahrerherzen höher schlagen. Kinder stehen am Wegrand und winken. Saftige Wiesen, gelbblühender Raps und rote Holzhäuschen setzen bunte Farbkleckse in die so unberührt scheinende Landschaft.

In Joensuu ändert sich dann schlagartig das Bild vom urwüchsigen Finnland. Hier ist eines der Zentren der Holzverarbeitung, was Auge und Nase empfindlich registrieren. Weiter führt der Weg nach Savonlinna und Mikkeli am Rande der Saimaa-Seenplatte. Der Saimaa, Europas viertgrößter See, zeigt die typischen Charakteristika finnischer Seen: er ist zerlappt, labyrinthartig und mit unzähligen kleinen Inseln übersät. Hier liegen auch die vielen Blockhütten, die man entweder schon von zu Hause aus in jedem Reisebüro oder direkt bei: järvi-savo oy, Hallituskatu 2, SF-50100 Mikkeli 10 (man spricht deutsch und hat deutsche Prospekte) buchen kann. (Informationen hierzu gibt auch das finnische Fremdenverkehrsamt in Hamburg). Sie sind anders als die Häuschen am Wegrand, in denen man Nacht für Nacht schläft. Fernab jeglicher Zivilisation verstecken sie sich inmitten der Wildnis. Das nächste Haus ist oft fünf, das Postamt gar zehn Kilometer entfernt. Die Anfahrt ist ein Kraftakt über Sandwege, Rollsplitt und Trampelpfade. Die letzten Meter geht's dann querfeldein. Strom, fließendes Wasser, Telefon und Toilette sind Fremdworte. Gekocht wird mit Gas, für Licht sorgen Petroleumlampen. Ein riesiger Kamin strahlt wohlige Wärme aus. Donnerbalken und der dazugehörige Eimer Kalk ersetzen das WC. Wasser gibt's genug, denn der See liegt direkt vor der Haustüre.

Europas viertgrößter See

Dennoch macht so eine Robinsonade inmitten der Wildnis Spaß. Bootspartien mit dem zur Hütte gehörenden Ruderboot stehen auf dem Programm, ausgedehnte Wanderungen durch die Birkenwälder und natürlich Faulenzen. Dazwischen kann man sein Glück mit der Angel versuchen. Man besorgt sich schon vorher einen generellen Angelerlaubnisschein, für rund 10 Mark bei jedem Postamt erhältlich. Dann benötigt man — wie in Norwegen — noch einen Angelschein für das jeweilige Gewässer, in dem man angeln will. Dieser wird in der Regel vom Campingplatz oder von den Hüttenbesitzern ausgegeben. Meist bekommt man auch gleich eine Angel dazu. Forellen und Lachse gibt es zuhauf. Abends zieht man sich dann in die Sauna zurück, die auch bei der kleinsten Hütte nicht fehlt. Alte Holzöfen, die nur mühsam in Gang kommen, sorgen für das heiße Vergnügen. Statt der Dusche sorgt ein mutiger Sprung in den See für die nötige Abkühlung.

Am Abend geht es in die Sauna

Schon nach wenigen Tagen hat man sich an dieses einsame, beruhigende Waldleben so gewöhnt, daß der Abschied schwer fällt, ganz gleich, ob man den kurzen Weg nach Helsinki wählt oder bei der Heimreise durchs Landesinnere noch einmal die Schönheiten der finnischen Landschaft genießt.

Abb. Seite 98/99:
Die gut befahrbare Naturstraße über das Sognefjell

Abb. Seite 100/101:
Die Mautstraße zur Juvasshytta führt in die
karge Bergwelt des Jotunheimen

Abb. Seite 102/103:
Wildes Zeltlager bei Dombas auf dem Weg nach Andalsnes

Abb. Seite 104/105:
Abendstimmung mit Autofähre am Hardangerfjord

Abb. Seite 106/107:
Durch die Eis- und Felswelt des Sognefjells

Abb. Seite 108/109:
Die zutraulichen Schafe sind ständige Wegbegleiter
auf den Hochebenen und Fjellen

(alle Fotos Westnorwegen)

IV. DIE WÜSTE

Gefahren der Wüste

Mit dem Begriff Wüste verbinden wir sehr unterschiedliche Vorstellungen. Für die einen ist sie Ausdruck der Langeweile, der Öde, des nicht Lebenswerten. Für andere bedeutet sie landschaftliche Faszination, Urtümlichkeit, Reinheit. Die Wissenschaftler definieren die Trockenwüste (es gibt auch Eiswüsten) als ein Gebiet, in dem weniger als 200 mm Jahresniederschlag fallen. Verglichen mit unseren heimischen Werten (600 bis 800 mm) scheint das zwar gar nicht so extrem zu sein. Doch muß man berücksichtigen, daß diese 200 mm Niederschlag an nur sehr wenigen Regentagen fallen, an denen es nicht selten zu sogenannten „flash floods" (Blitzfluten) kommen kann.

Eine amerikanische Statistik besagt, daß in den Wüsten des Südwestens mehr Menschen ertrinken als verdursten! Da die von 200, 300 oder 400 Tagen trockener Hitze ausgedörrte Erde die plötzliche Feuchtigkeit gar nicht aufnehmen kann, staut sich das Regenwasser. Regelrechte Flutwellen von mehreren Metern Höhe sind möglich. Im Südosten Australiens habe ich am Wegesrand vier Meter hohe Markierungsstangen gesehen, an denen man bei einem „flash flood" die Wasserhöhe ablesen kann. Und das in einem topfebenen Gebiet! In Nordafrika werden derartige Wasserstürze meist von Wadis kanalisiert. Da aber jede Straße und jede Piste diese meist ausgetrockneten Flußtäler kreuzt oder sogar in ihnen entlangführt, ist es auch hier unbedingt lebenswichtig, in der Regenzeit genaue Erkundigungen über den Streckenzustand einzuholen.

Ein weiteres Risiko birgt die Hitze, die man in fast allen Trockenwüsten der Erde antrifft. Ausgenommen sind hier nur die schmalen Küstenstreifen in Peru und Chile, und in Südwestafrika, wo kühle Meeresströmungen für milde Temperaturen sorgen. Die höchsten Temperaturen werden im Zentrum der Sahara, im Herzen Australiens und vor allem in den Wüsten Kaliforniens und Arizonas gemessen. Um den „Ruhm", heißester Ort der Erde zu sein, streiten sich alle drei Regionen. Ist man gerade in Australien, verbuchen natürlich die „Aussies" den Rekord für sich, während die Amerikaner stets ihr „Todestal" anführen, von dem wiederum die europäischen Sahara-Fans nur selten was gehört haben wollen. Sei's drum. In jedem Fall kann man davon ausgehen, daß in allen drei Kontinenten schon Temperaturen von 58 bis 60 Grad im Schatten registriert worden sind. Derartige Marken werden nicht jedes Jahr erreicht. Aber im jeweiligen Hochsommer

60 Grad im Schatten wurden gemessen

112

muß man fest mit einer Mindest-Mittagstemperatur von 45 Grad rechnen. Ob es nachts stark abkühlt, hängt von den regionalen Gegebenheiten ab. Während es in der Sahara gegen Morgen bis auf Null Grad (im Winter sogar Frost) abkühlen kann, fällt das Thermometer in den Depressions-Senken (unter dem Meeresspiegel) wie zum Beispiel der äthiopischen Danakil-Wüste oder eben dem oben zitierten Death Valley kaum unter 30 Grad.

Schon aus den einleitenden Worten mag jeder ermessen, daß Wüsten-Touren eine ganz besondere Dimension haben. Aber genauso steht außer Zweifel, daß man diese bei vernünftiger Planung zu einem relativ sicheren und einmaligen Erlebnis machen kann. Daß es hierzu nicht unbedingt expeditionsähnlicher Vorhaben bedarf, beweisen alljährlich hunderte — vor allem französische und deutsche — Motorradfahrer, die ihr Abenteuer in der Sahara suchen. Noch problemloser kann man die Wüsten Nordamerikas erfahren.

USA allgemein

Nur die wenigsten von uns werden sich für den großen Traum Amerika länger als drei Wochen „freimachen" können. Aber keine Angst, die USA lohnen sogar einen zweiwöchigen Urlaub. Vorausgesetzt man begeht nicht den typischen Fehler der Greenhorns und versucht, möglichst alles „abzuhaken". Kaum einer, der nicht die immensen Entfernungen in diesem riesigen Land unterschätzt hat. Es ist zwar richtig, daß man trotz 55-Meilen-Limit (88 km/h) sehr gute Schnitte erzielen kann, aber 500 Meilen bleiben nun einmal 500 Meilen, auch wenn man sie tatsächlich mit einem 50er Schnitt bewältigt. Eine solche zehnstündige Tagesetappe ist auf dem Motorrad eine nicht gerade urlaubswürdige Prozedur und obendrein im Hochsommer eine hochgradige Viecherei, im Süden Arizonas und New Mexicos schlichtweg unmöglich! Wer dies bezweifelt, soll erst mal bei Temperaturen von weit über 45 Grad (bis zu 60 Grad) im Schatten Motorrad fahren. Da gibt es auch keinen kühlenden Fahrtwind mehr, sondern nur noch kochendheiße Luft, die einem die Atemwege und Lungenflügel verklebt. Wer hier noch ohne Helm fährt, braucht nicht allzulange auf den „sunstroke", den Sonnenstich, zu warten. Auch das Fahren im T-Shirt gewöhnt man sich schnell wieder ab. Spätestens dann, wenn die Haut

Ohne Helm ist der Sonnenstich sicher

in den Armbeugen die violette Farbe eines Rinderfilets annimmt. Langärmelige Baumwollhemden gibt es in den USA in jedem Supermarkt, den man sogar in den Wüstenregionen findet. In Verbindung mit einem Elastik-Nierengurt und dünnen Lederhandschuhen bilden sie die beste Motorradbekleidung für den äußersten Süden der Vereinigten Staaten.

Experimente abseits der Asphaltstraßen sollte man tunlichst lassen, es sei denn, man ist auf einen „desert-Ritt" eingerichtet. Wie ernst der Spaß werden kann, wenn man sich verirrt und der Sonne ausgesetzt ist, demonstriert ein Blick in das Buch „Desert Survival" von Dick und Sharon Nelson: Während man bei 21 Grad Celsius 10 Tage ohne Wasser überleben kann, reicht die körpereigene Flüssigkeit bei 48 Grad nur ganze zwei Tage! Und das auch nur, wenn man sich nicht von der Stelle bewegt. Aber keine Angst, der Südwesten hat nicht nur brütende Hitze zu bieten. In den Höhen der Rocky Mountains oder im Yosemite-Park kann es schon etwas frischer werden. Vor allem nachts kühlt es in Höhen über 2000 Meter (auch am Grand Canyon) merklich ab. Gerade Camper werden dies begrüßen. Denn in den tiefer liegenden Wüsten findet man als durchschnittlicher Mitteleuropäer in den Monaten Juli und August nur selten Schlaf. Kein Wunder, erhitzt sich doch der Sandboden tagsüber bis auf über 90 Grad (!). Auf Asphalt kann man sich dann nicht nur Spiegeleier braten, sondern leider auch Reifen „kochen". Zahllose von der Karkasse abgelöste Laufflächen zieren denn auch die Highways in den Staaten Kalifornien und Arizona.

Unter den vorher beschriebenen Bedingungen sind Tagesetappen von 250 Meilen als äußerstes Limit anzusehen. Wer die Reise genießen will, sollte sich auf einen Tagesschnitt von 200 Meilen einrichten. Gänzlich abzuraten ist von einem „coast-to-coast-trip", es sei denn man verfügt über zwei bis drei Monate Zeit, in denen man auch intensiver Bekanntschaften schließen und Veranstaltungen besuchen kann. Rein landschaftlich gesehen wird die Sache östlich der Rocky Mountains langweilig. Die im folgenden beschriebene Route resultiert aus der Erfahrung von fünf USA-Reisen und Gesprächen mit vielen anderen Amerika-Liebhabern. Sie ist so aufgebaut, daß man sie in zwei Wochen schaffen kann, wenn man San Francisco und Los Angeles „links liegen" läßt und praktisch nur als An- oder Abflughafen betrachtet. Für eine Reisedauer von drei Wochen bietet die Tour ein optimales Timing, in dem auch noch genügend Zeit für ausgiebige Stadtbummel bleibt.

Ohne Wasser überlebt man nur zwei Tage

Zwei Wochen reichen zur Not

114

Durch den Südwesten

Für die meisten von uns dürfte sich San Francisco als Start- und Zielort anbieten. Denn nur hier gibt es Motorräder zu mieten, mit denen man auf eigene Faust losfahren kann (Adressen siehe Seite 184). Natürlich kann man von hier aus auch gen Norden donnern. Doch so schön der Nordwesten, vor allem auch das kanadische British Columbia, ist: Berge, Seen und Wälder gibt's auch in Europa. Hinzu kommt, daß das Wetter in diesen Regionen keinesfalls sicher ist. Kaum einer, der nicht seine Regenkombi hervorkramen mußte, so er eine dabei hatte. Begeben wir uns lieber zur Einstimmung auf die „Number One", jene Küstenstraße, die nach Los Angeles führt und die zu den Traumstraßen der Welt gezählt wird. Für Motorradfahrer trifft dies sicherlich zu. Zwischen den sanften Gipfeln der Coast Range und den schäumenden Wogen des Pazifiks spielt sich all das ab, was Kalifornien so berühmt und noch immer lebenswert macht. Hier lebte John Steinbeck (Monterey), hierhin zieht sich Joan Baez auf ihr Landhaus zurück, hier hat sich der Zeitungs-Zar Hearst seinen Tempel gebaut, eine monumentale Villa, die heute als National Monument, als öffentliches Museum, geführt wird.

Wer sich auf dem Freeway 101 (one-o-one) dem Moloch Los Angeles nähert, wird sich plötzlich an vergangene Blues-Zeiten erinnert fühlen. Dann nämlich, wenn auf Höhe von Beverly Hills die Ausfahrt „Laurel Canyon" angezeigt wird. „I am living with the bear in a big house full of blues", sang John Mayall über den verstorbenen Canned Heat-Sänger auf der LP „Laurel Canyon". Doch nicht nur die weißen Blues-Veteranen hatte es hierher gezogen. Wer durch die Santa Monica Mountains kurvt, und die herrliche subtropische Canyonlandschaft in sich aufnimmt, kann gut verstehen, warum sich Leute mit dem notwendigen Kleingeld hier ansiedeln. In sicherer Entfernung vom weltberüchtigten L.A.-Smog. Das heißt, so sicher ist man auch hier nicht mehr. Bei ungünstigen Wetterlagen zieht sich der atembeklemmende Dunst sogar bis zum 50 Kilometer entfernten San Fernando Valley hin. Nein – L.A. ist doch kein Platz zum Leben. Es ist ein fürchterlicher Auto-Moloch mit einem Wolkenkratzer-Zentrum und schier endlosen Einfamilienhaus-Vierteln, die sich wie Geschwüre über eine Fläche von etwa 60 mal 100 Kilometern erstrecken. Das ganze nennt sich allerdings nicht mehr Los Angeles, das nicht wenige längst als „Lost" Angeles bezeichnen, sondern Los Angeles County.

Blues vom „Laurel Canyon"

L. A. ist ein Auto-Moloch

Wer sich hier nicht auskennt, kann Stunden damit verbringen, ein Motel zu suchen, zumal das Zelten praktisch unmöglich ist. Auf der Strecke von Oxnard nach L.A. liegen zwei Motel „6", und zwar in Camarillo und in Thousand Oaks. Hinter dem roten „Six" verbirgt sich nicht nur die billigste Motel-Kette der USA, sondern auch eine sehr gute und saubere. Nach unseren Erfahrungen gibt es keine vergleichbare Alternative. Man findet zwar hin und wieder Motels, die „Doubles" für weniger als 20 Dollar anbieten, muß aber stets eine nervenaufreibende Fragerei auf sich nehmen, denn die Preise stehen nur selten außen dran. Außerdem sollte man immer die Zimmer inspizieren. Dies mag zwar recht übertrieben oder auch zimperlich klingen. Aber während ich gerne bereit bin, mich zum Nulltarif in den Wüstensand zu legen und die ungeheuer zahlreichen Sterne zu beobachten, erwarte ich doch in einem Motel-Zimmer, das immerhin runde 50 Mark kostet, saubere Betten und eine ordentliche Dusche. Und diese Voraussetzungen trifft man eben in den 18-Dollar-Häusern nicht immer an. Ein Doppelzimmer im Motel „6" kostet etwa 17 Dollar. Insgesamt gibt es über 300 Anlagen dieser Kette. Wer aus San Francisco kommt, kann sich gleich in Monterey einen Motel „6"-Führer besorgen oder sogar dort schon die erste Tagesetappe beenden.

Auf der Suche nach der roten „6"

Wer auf dem Pacific Coast Highway bleiben möchte, darf sich in Oxnard allerdings nicht auf die 101 leiten lassen. Ist man jedoch auf dem Freeway gelandet – um zum Beispiel im Motel „6" abzusteigen – so kann man auf der traumhaften 27 durch den Topanga Canyon wieder zur Pazifikküste gelangen. Wir lernen nun den Moloch von seiner angenehmen Seite kennen. Vor uns liegt das Künstlerviertel Venice („wenniss" ausgesprochen) mit seinen weltberühmten gemäldeverzierten Fassaden. Links zweigen Hollywoods Pracht-Boulevards ab.

Eine gute Adresse für Stiefel jeder Art ist „Standard Shoes" am Wilshire Boulevard, der übrigens parallel zum berühmten Sunset Boulevard läuft. Hier wiederum findet man so ziemlich die einzigen Buchläden, jede Menge internationale Restaurants und neben dem „Whiskey a gogo" noch andere Musik-Tempel. Man ist halt in Hollywood, das durchaus einen Besuch wert ist. Wobei die Universal City Studios wirklich nur was für Kino-Freaks sind, die tatsächlich in jedem Papphaus einen Film-Klassiker wiedererkennen. Ansonsten sind die Gags, die während der Führung geboten werden, recht müde, verglichen mit dem, was 60 Kilometer weiter südöstlich geboten wird. Nämlich im Disneyland. Dieses gigantische Traumland in Anaheim (nicht L.A.) muß man gesehen haben. Davon sollten auch keine Vorurteile oder

Müde Gags in Hollywood

Klischees abhalten. Denn diese gewinnen dort erst richtig Gestalt.

Disneyland ist noch viel amerikanischer, als man sich das bei uns vorstellt. Es ist Amerika schlechthin. Die Eintrittspreise richten sich nach der Anzahl der „adventures", die man verkraftet. Für 10 Dollar kann man sich in jedem Fall mehr als satt staunen und amüsieren. Der Besuch sollte übrigens geplant sein, da man schlecht die vollbepackte Maschine auf dem riesigen Parkplatz abstellen kann. Am Abend vorher in einem der zahlreichen Motels an der Rückseite von Disneyland absteigen und dort das Gepäck deponieren, ist die beste Lösung. *Disneyland ist Amerika*

Von Anaheim aus hat man dann auch schnell das Chaos aus Blech und Beton hinter sich, wenn man auf dem Santa Ana Freeway (5) gen Mittagssonne gleitet. Den meisten wird es so gehen wie uns: man ist doch froh, endlich „draußen" zu sein. Da hat man dann auch nicht unbedingt Bock auf San Diego. Obwohl das verdammt ungerecht ist. Denn die alte spanische Hafenstadt besitzt wesentlich mehr Charme als L.A.. Aber „biker" sind meist keine Stadtmenschen. Darum verabschieden wir uns auch bald vom Pazifik und von der Autobahn und schwenken ab in den Cleveland Forest. Direkt an der Freeway-Ausfahrt von San Luis Rey liegt ein riesiger (was sonst?) Supermarkt. Hier kann man sich noch mit allem eindecken, was man für die Wildnis braucht. Dann bringt die schmale 76 endlich etwas Motorradspaß. Kurven schlängeln sich durch Orangenhaine und Plantagen. Beim Picknick unter vier Meter hohen Agaven gewinnt Steinbecks „Land of milk and honey" Gestalt. *Vier Meter hohe Agaven laden zum Picknick*

Julian vermittelt dann erstmals den lang erwarteten Hauch einer Wildwest-Stadt. Holzhäuser mit den typischen Arkaden. Zur linken ein originelles Restaurant: „Rongbranch"; sollte man als Kontrastprogramm zu den Ketten-Restaurants ausnutzen. Im gleichen Ort gibt es auch einfache Hotels, so daß man hier die Tagesetappe beschließen kann. Wer das Zelt dabei hat, sollte noch mal Gas geben und bis zum Anza-Borrego Desert State Park durchfahren.

Nur wenige Stunden vom kühlen Pazifik entfernt, findet man sich urplötzlich in einer echten Wüste wieder. Hatte man am Morgen in Anaheim vielleicht sogar noch gefröstelt, so hat man jetzt das zweifelhafte Vergnügen, nach Sonnenuntergang noch bei runden 40 Grad das Zelt aufzubauen. Der Campground kommt gleich nach der Abzweigung zum Park Headquarter. Wie in allen Parks ist das wilde Zelten verboten. Im Interesse der Natur ist dies auch durchaus sinnvoll. Denn so robust die Wüste aussehen mag, so empfindlich ist sie gegen äußere Einflüsse. Es fällt auch nicht sonderlich schwer, sich an die Bestimmungen zu halten. Denn in jedem Park gibt es wunderschöne Campingplätze. Während die Campgrounds mit einem gewissen

Die primitiven Campsites liegen meist abseits

Komfort aufwarten, meist an der Hauptdurchgangsstraße liegen und Gebühren kosten, liegen die primitiven Campsites in den abgelegenen Regionen. Sie sind auf keiner Straßenkarte eingezeichnet. Dafür gibt es in den Headquarters (immer ausgeschildert) kostenlose Detailkarten und sehr hilfreiche Park Ranger, die einem gerne die schönsten Winkel ihres Paradieses beschreiben und erklären, wo es Campsites gibt. Diese sind meist gebührenfrei, bieten dafür aber auch keine Duschen und Waschräume. Oft muß man sich sogar sein eigenes Wasser mitbringen.

Vom Anza-Borrego State Park aus gibt es zwei interessante Varianten, um nach Arizona zu gelangen. Dort wo die 78 auf die 86 trifft, muß man sich entscheiden. Für einen lohnenden Abstecher zum Yoshua Tree National Monument im Norden oder für die Südroute, auf der man zwei Tage auf die mexikanische Seite der Grenze wechseln kann. In jedem Fall wird es sehr, sehr heiß.

Seit Julian haben wir übrigens keine Tankstelle mehr gesehen, und wir taten gut daran, dort unseren Tank noch einmal aufzufüllen. Hier inmitten der Wüste kann es Stunden oder Tage dauern, bis einmal ein Auto vorbeikommt. Wer eine Panne hat oder ohne Benzin liegen bleibt, erfährt schnell, daß mit der Natur nicht zu spaßen ist. Die erste gesicherte Tankmöglichkeit kommt in Westmoreland, wo auch das Imperial Valley beginnt. „Imperial" heißt großartig, und das ist dieses Tal auch. Zumindest in den Augen der US-Amerikaner. Sie zapften in den 20er Jahren den Colorado kurz vor der mexikanischen Grenze mit dem „All American Canal" an und bewässerten die einstige Wüste. Betrachtet man die Anzahl derartiger Projekte entlang des Colorados, so verwundert es nicht, daß den Mexikanern nur noch ein trübseliges Rinnsal übrig bleibt. Nördlich der Grenze erleben wir dafür eine blühende Obstindustrie mit einer vollklimatisierten Infrastruktur.

Szenenwechsel bei Mexicali

Doch dann: Szenenwechsel. Gleiche Hitze, gleiche Landschaft. Andere Welt! Wir haben die Grenze bei Mexicali überschritten. Bemühen Sie sich vorher gar nicht erst um eine Versicherung. Die Situation ist in den letzten Jahren so, daß keine US-Versicherung mehr im Ausland zugelassene Motorräder versichern will. Und für Mexiko schon gar nicht. Hat man eine in den USA zugelassene Maschine, gibt es einige Versicherer, die mitmachen. Am sichersten AAA, der US-Autoclub. Büros befinden sich alle direkt vor dem Grenzübergang. Eine Diebstahlversicherung bekommt man aber nirgends. Doch ist dies alles

118

halb so tragisch. Für die zwei Tage, die wir auf der Mexico 2 entlang der Grenze fahren, ist das Risiko wirklich nicht größer als in jedem südeuropäischen Land.

Der Ausflug vom Superstaat USA in das Entwicklungsland Mexiko verpaßt einem nicht nur einen (heilsamen) Schock, sondern vermittelt auch interessante Eindrücke, die Farbtupfer für die ganze Reise sein können. Nur eins ist ganz wichtig: Schon an der Grenze allen Mexikanern gegenüber sofort verständlich machen, daß man kein Gringo, kein Amerikaner ist. Der latente Haß schlägt sofort in die den Mexikanern ureigene Freundlichkeit um. Wer ein paar Brocken spanisch spricht, ist sowieso aus dem Schneider.

Der Haß schlägt in Freundlichkeit um

Hat man sich durch Elend und Industriegestank bis San Luis durchgewühlt, ist vielleicht ein Motelzimmer ganz recht. Die sind hier nicht teuer und man kann sich auf den Höllenritt durch den Backofen der Sonora-Desert seelisch vorbereiten. Daß in den Lavawüsten noch kein Hitzeweltrekord gemessen worden ist, liegt sicher nur daran, daß sich hier kein normaler Mensch mit einem Thermometer in der Hand hinstellen würde. Außerdem gibt es ja auch keinen Schatten... Selbst die als sehr genügsam bekannten Riesenkakteen machen sich rar. Nur vereinzelt strecken knorrige Saguaros ihre steifen Arme gen Himmel.

Dagegen ist das Organ Pipe Cactus National Monument geradezu lieblich. Wir erreichen diesen – von den meisten europäischen Touristen mißachteten – Naturpark über den Grenzübergang Lukeville. Aber auch mit dieser prächtigen Kakteenwüste ist nicht zu spaßen. Ohne Wasservorräte ist man hier nach zwei Tagen am Ende. Die Park-Ranger sind daher nicht nur Aufpasser, sondern auch Beschützer der meist unbedarften Gäste. Sie zeigen einem traumhafte Zeltplätze in der vielleicht schönsten Wüstenregion der Erde. Wenn die Abendsonne die Bergriesen rundherum rotbraun tönt und die Riesenkakteen mit endlos langen Schatten ihre zahllosen kleineren Verwandten „schlucken", kommt einem dieser Flecken gar nicht mehr so lebensfeindlich vor. Erst beim nächtlichen Konzert der Coyoten wird es dann doch etwas unheimlich.

Das Konzert der Coyoten

Tucson, unser nächstes Ziel, liegt jetzt genau 200 Kilometer weiter östlich. Die Fahrt dorthin gehört nicht zu den angenehmsten Etappen. Aber man muß auch mal die Zähne zusammenbeißen können, um Außergewöhnliches zu erleben. Wenn ich immer wieder auf die extreme Hitzebelastung anspiele, so soll doch der Hinweis nicht fehlen, daß sich diese Region natürlich hervorragend für eine Winter-Tour bei milderen Temperaturen eignet.

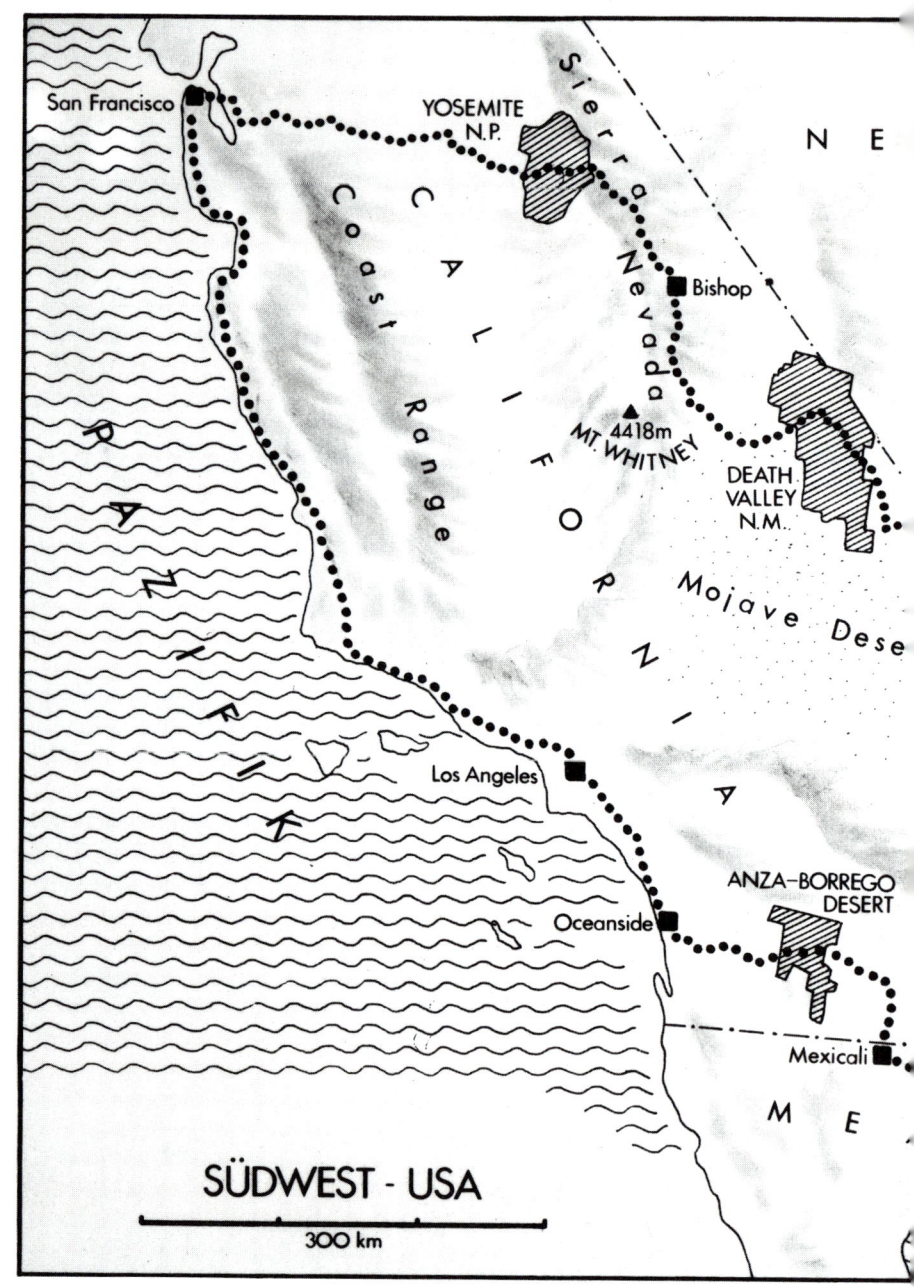

Drei-Wochen-Tour durch die schönsten Regionen des Südwestens

San Francisco

YOSEMITE N.P.

Sierra Nevada

N E

Coast Range

C A L I F O R N I A

Bishop

▲ 4418m MT. WHITNEY

DEATH VALLEY N.M.

Mojave Dese

P A Z I F I K

Los Angeles

Oceanside

ANZA-BORREGO DESERT

Mexicali

M E

SÜDWEST - USA

300 km

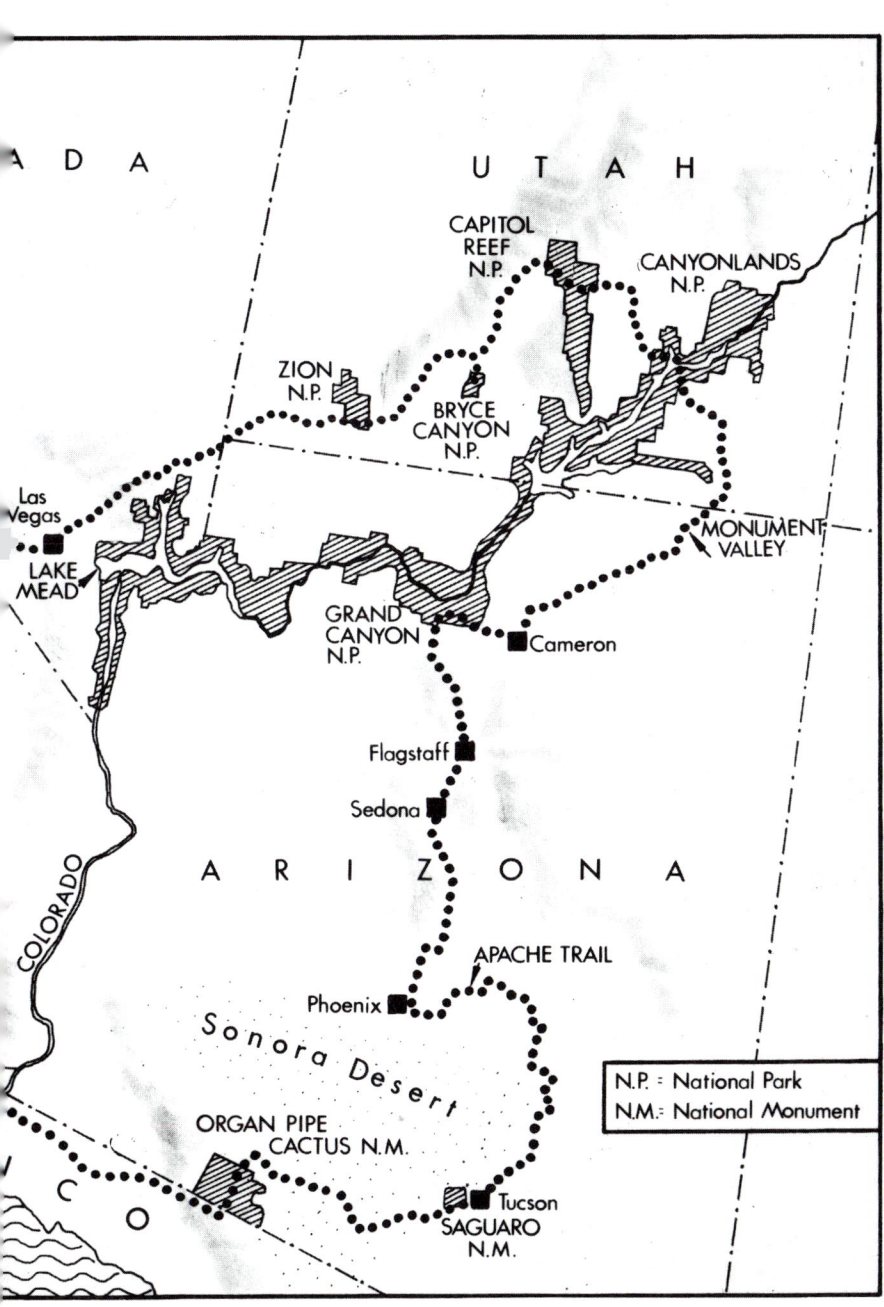

N.P. = National Park
N.M. = National Monument

121

Auch Volker Beer hat dieses Paradies schon vor einigen Jahren für sich entdeckt. Mit seiner Firma Western Adventures ermöglicht er vornehmlich deutschen Motorradfahrern einen hervorragenden Einblick in den Südwesten der USA (lesen Sie hierzu auch das Kapitel „Organisierte Reisen" ab Seite 184).

In unmittelbarer Nähe der Stadt liegen zwei Saguaro National Monuments, von denen das westlich gelegene erst 1961 abgesteckt worden ist. Während woanders immer mehr Saguaros absterben, wächst *Bei Tucson* hier sogar eine große Menge junger Riesenkakteen nach. Die Filmstadt *wachsen junge* Old Tucson und das Wüsten-Museum erleichtern noch zusätzlich die *Saguaros nach* Entscheidung für den westlichen Kakteenpark. Einen Eindruck vom anderen Kakteen-Monument erhalten wir ja ohnehin während der kurvenreichen Fahrt durch die Santa Catalina Mountains, an deren Südrand das National Monument liegt.

Auf der gut ausgebauten kurvigen 77 geht es zügig weiter bis Globe. Im Osten erstreckt sich jetzt das Reservat der San Carlos Apachen. Hatten die Indianer-Reservate Ende des vorigen Jahrhunderts noch die Funktion von KZ-Lagern, so sind sie heute fast autonome, selbstverwaltete Stammesgebiete mit eigener Infrastruktur und Wirtschaftsleben. Die Apachen und auch die Navajos, auf die wir noch westlich des Grand Canyon stoßen werden, sind übrigens keineswegs die Ureinwohner des Südwestens. Sie gehören vielmehr den kriegerischen Nomadenvölkern der Athabascan-Indianer an, die im 16. Jahrhundert aus dem Norden kamen und mit Vorliebe die ansässigen Pueblo-Indianer und später auch die spanischen und mexikanischen Siedler überfielen.

Einen kleinen Eindruck von der Kultur der friedlichen Pueblo-Indianer, deren Zentrum sich eigentlich weiter nördlich in New Mexico befindet, gewinnen wir auf dem sogenannten „Apache Trail", der durch eine wilde Fels- und Kakteenlandschaft nach Phoenix führt. Das Mittelteil der etwa 100 Kilometer langen Traumstraße ist unbefestigt, aber problemlos. Oberhalb des Roosevelt-Stausees erinnert das Tonto National Monument an das mittelalterliche Schaffen der Salado-Indianer. Einige der feinsten Web- und Keramikstücke des Südwestens wurden hier gefunden. Die Höhlenpueblos ähneln denen im Mesa *Die Pueblos* Verde. Sie sind nur noch spärliche Zeugen der Salado-Kultur. Der Rest *wurden unter* wurde beim Bau des Roosevelt-Damms unter Wasser gesetzt. Nach *Wasser gesetzt* dem Fußmarsch durch die Ruinen kann man sich dafür heute im superblauen Wasser des Stausees erfrischen. Unbedingt empfehlenswert ist eine Zeltübernachtung an einem der nun folgenden kleineren Stauseen, zu denen mehrere Schotterwege führen.

Auf dem Weg ins Navajo- und Canyonland im Norden Arizonas können wir Phoenix links liegen lassen. Wen es allerdings nach den „Entbehrungen" in der Sonora-Wüste nach etwas Stadtleben dürstet, der findet in Phoenix billige Motels, viele Stores und Restaurants und einen sehr schönen, in die Landschaft integrierten Zoo. Die Ausfahrt aus der riesigen, quadratisch angelegten Stadt suchen wir auf dem Apache Boulevard, also der Straße, auf der wir gekommen sind. Noch im Vorort Mesa kreuzt hier nämlich die 87, jene Straße, die uns in die Bergwälder des Tonto National Forest führt. Eine kurvenreiche Alternative zur Autobahn-Langeweile auf der Interstate 17 North, die wir so bei Camp Verde nur einmal kreuzen, um nach Sedona und in den Oak Creek Canyon zu gelangen.

In den 50er Jahren war hier ein beliebter Drehort für Hollywood-Filme. Als Darsteller eines Navajo-Rodeo-Stars durfte unter anderem Elvis Presley auf einer Triumph Scrambler durch einen Fluß donnern, der in Ermangelung von Wasser erst künstlich beflutet werden mußte. Heute ist Sedona ein beliebtes Domizil für Künstler und Neureiche. Aushängeschild ist das im mexikanischen Pueblostil neu gebaute Einkaufsviertel „Tlaquepaque". Natürliche Baustoffe und weiche Formen und Kanten bestimmen das Bild dieses Kommerz-Zentrums, das für mich aber auch ein Stück humane Architektur darstellt. Eine Bauphilosophie, die man im Land der Wolkenkratzer und Mobilhome-Baracken erstaunlich oft antrifft. Durch Sedona bummeln und an die heimische Betonwelt denken, das läßt einen etwas wehmütig weiterziehen.

Kommerzielle Pueblo-Architektur

Wehmut erzeugt auch ein anderes Symbol des „american way of life", das wir in der alten Pionierstadt Flagstaff kreuzen. Nur noch vereinzelt erinnern kleine weiße Schildchen unter dem blau-roten Interstate-Zeichen an vergangene Zeiten: 66. „If you ever plan to motor west, travel my way, take the highway that's the best. Get your kicks on Route Sixty-six!" textete Bob Troup einen Big Band Schlager über die „mother road" der USA. „It winds from Chicago to L.A., more than two thousand miles all the way. Get your kicks on Route Sixty-six!" Ein halbes Jahrhundert lang zogen auf dieser Landstraße Hunderttausende aus dem Osten in das „Land of milk and honey", Kalifornien. Vertrieben von Dürreperioden und Landbesitzern, gelockt von Hoffnungen auf einen Job als Orangen- oder Pfirsichpflücker.

„Get your kicks on Route Sixty-six!"

Doch auch nach den Jahren der Depression blieb die 66 Amerikas Hauptstraße. Bis in die 60er Jahre hinein suchten viele, vom Leben im

Osten enttäuschte, ihren „Kick" auf der Route Sixty-six. Doch als galt es, ein Stück Vergangenheit zu bewältigen, wurde die alte Landstraße rigoros von einer Autobahn gefressen. 1978 wurden die letzten 80 Meilen der Interstate 40 in Arizona eröffnet.

Flagstaff, diese typisch amerikanische Anhäufung von Motels, Tankstellen und Schnellrestaurants, hält uns nicht lange auf unserem Weg zum Grand Canyon auf. Nur noch zwei Stunden trennen uns von diesem spektakulären Riß in der Erdkruste. Auch wenn man das Schauspiel natürlich mit vielen anderen „Touristen" teilen muß, sollte man sich den Sonnenuntergang nicht entgehen lassen, zumindest aber am späten Nachmittag einige Stunden am South Rim, der Südkante der Schlucht, verweilen. Zur Mittagszeit ist selbst der Grand Canyon eine recht flache Angelegenheit. Den faszinierendsten Einblick in das Canyonlabyrinth erhält man aus dem Flugzeug. „Scenic Airlines"-Piloten fliegen in gekonnten Schleifen in die schönsten Winkel des Grand Canyon. Ein Erlebnis, das die ca. 40 Dollar unbedingt wert ist.

Hat sich die Sonne erst mal mit den prächtigsten Farbenspielen verabschiedet, kann es hier oben in 2300 Meter Höhe ganz schön kühl *Schlafproblem* werden. Jetzt heißt es, das Schlafproblem zu lösen, denn das Motel *am Grand Canyon* und die Campingplätze sind immer total voll. Wer nicht vorgebucht hat, muß im „stand-by-Verfahren" auf Stornierungen hoffen, oder den Park verlassen. Wildzelten ist hier verboten. Nachts kühlt es schnell ab, und man wird kaum noch über Cameron hinaus fahren, sondern sich vorher einen Zeltplatz suchen, falls man nicht das Glück hat, im Motel von Cameron unterzukommen. In jedem Fall sollten wir uns am nächsten Morgen in der alten Trading Post das „Indian Bread" gönnen. Hier findet man auch die größte Auswahl an Navajo-Schmuck im ganzen Südwesten. Handeln – wie bei den Straßenhändlern – kann man zwar nicht, aber die Preise stimmen und die Qualität ist gut. Der billige Imitatschmuck wird separat und klar erkennbar angeboten.

Neben den Navajo-Arbeiten, die sich durch recht massiven Ge-*Unterschiede* brauch von Silber und Türkissteinen auszeichnen, gibt es hier auch die *zwischen Navajo-* zierlicheren Einlegearbeiten der Zuni-Indianer. Diese entsprechen *und Zuni-Schmuck* eher dem „dezenten" europäischen Geschmack als die oft etwas klobigen Navajo-Stücke. Zwar findet man in beiden Schmucksorten alte indianische Symbole verarbeitet, doch die Silberschmiedekunst ist keineswegs alte Tradition. Sie entwickelte sich vielmehr erst in diesem Jahrhundert auf Anregung weißer Schmuckhändler.

20 Kilometer nördlich von Cameron zweigt die 160 in ein gewaltiges Natur-Theater ab. Sedimentgestein, zusammengepreßt von einem

riesigen Urmeer, wurde hier durch ungeheure Erosionskräfte abgetragen. Nur die härtesten Gesteinsschichten trotzten Wind und Wasser. Sie bilden heute als Felsnadeln und Tafelberge die bizarre Kulisse des Monument Valley, der berühmtesten Szenerie amerikanischer Wildwestfilme. Das Zentrum des Navajo-Tribal-Parks befindet sich an der Grenze zwischen Arizona und Utah auf einem Berg. Von hier oben, wo man auch hervorragend zelten kann, genießt man den besten Überblick über das Tal der Monumente. *Im Tal der Monumente*

Die oxydhaltige rote Erde wird auch in den nächsten Tagen das Landschaftsbild prägen. Das Tal der Götter (Valley of the Gods), das Natural Bridges National Monument und der Glen Canyon gehören noch zum mächtigen Colorado-Plateau, das über eine Länge von 500 Kilometern mit Naturspektakeln beeindruckt. Eines der verwegensten befindet sich im äußersten Norden: Der Arches National Park. Unter anderem kann man hier die längste „Naturbrücke" der Erde bewundern: den 89 Meter langen und an der schwächsten Stelle nur 1,80 Meter dicken Landscape Arch. Allerdings liegt der Park etwas abseits von unserer Route. Einen Tag mehr für diesen Umweg sollte man einkalkulieren. Hierzu fährt man nördlich von Mexican Hat einfach auf der 163 weiter und zweigt nicht nach links ins Valley of the Gods ab. Über die Interstate 70 und die State 24 gelangen wir in Hanksville schließlich wieder auf die Hauptreiseroute.

Die nächsten „Highlights" liegen am Südrand eines dicht bewaldeten Gebirgszugs, der bis zu 3500 Meter hoch ist. Schon im September kann es im Dixie National Forest empfindlich kühl werden. Im Oktober muß man mit ersten Schneefällen rechnen, was übrigens auch für das North Rim, die Nordkante des Grand Canyon, gilt. Nach langer Zeit stoßen wir auch wieder auf ausgeprägte Kurvenstrecken, die uns zu den beiden Hauptanziehungspunkten des Mormonenstaats Utah bringen. In den USA wird vieles „Canyon" genannt. Und trotzdem unterscheiden sich diese Naturschönheiten teilweise sehr stark. So auch der Zion und der Bryce. Sie haben absolut nichts mit den Colorado-Schluchten gemein.

Der Bryce Canyon ist ein malerisches, relativ kleines Amphitheater, in dem bizarre Felsnadeln die Schauspieler sind, perfekt in Szene gesetzt von den tiefstehenden Strahlen der Sonne. Für viele USA-Kenner gilt der Bryce als Juwel. Bewundern kann man das Farbenschauspiel vom oberen Rand des Canyons oder während eines beeindruckenden Fußmarschs durch das Felsen-Labyrinth. Wer also etwas mitbekommen will, muß mindestens eine Tageshälfte investieren. Ein klassi- *Das Amphitheater Bryce Canyon* scher Canyon hingegen ist der Zion, an dessen Grund eine Straße entlangläuft – bis zu dem Punkt, an dem sich die gigantischen Felswände zu einem Kessel schließen. Nur noch die hautenge Schlucht des Virgin River führt weiter.

Doch nicht nur das vom Virgin bis zu 800 Meter tief ausgewaschene Tal lohnt den Besuch; schon die Anfahrt von Mount Carmel Junction gehört mit zu den faszinierendsten Motorradstrecken der USA. In geschwungenen Kurven windet sich das rötliche Asphaltband (Vorsicht! Oft Flugsand in den Biegungen) durch ein geologisches Museum ersten Ranges. Urmeere hinterließen hier riesige Dünen, die unter hohem Druck zu Sandstein gepreßt wurden, der wiederum von Wind und Wasser fantasievoll zerschnitten wurde. Markantes Beispiel einer „Kreuzerosion" ist der Checkerboard Mesa, der Schachbrettisch, den wir kurz hinter dem Parkeingang passieren. Nachdem wir zwei Tunnels und einen Felsbogen durchquert haben, senkt sich die Straße in sechs Kehren in den Canyon hinab, bewacht von den senkrechten „Türmen der Jungfrau", den Towers of the Virgin.

Der Zion Park ist ein geologisches Museum

Den reißenden Fluten des Virgin River folgen wir auch auf dem Weg gen Las Vegas. Die Interstate 15 bringt uns aus dem spröden Mormonenstaat in das Sündenbabel, das im südlichsten Zipfel Nevadas zwischen Arizona und Kalifornien eingezwängt ist. Wer bei 88 km/h auf der Autobahn einschläft, kann 70 Kilometer vor Las Vegas, in Glendale, auf eine kleine Nebenstraße zum Lake Mead fahren und von dort aus die Spielerstadt ansteuern.

Las Vegas ist unbedingt einen Besuch wert. Man kann hier für wenig Geld übernachten, essen und natürlich spielen. Trotz des weltberühmten Casino-Star-Rummels geht es hier eher volkstümlich zu. Man lebt von den Massen, nicht vom Jet-Set. Selbst am „Strip" findet man billige Motels mit dem obligatorischen Swimming-Pool und hinter den Glimmer-Hotels sogar Campingplätze, auf denen sich allerdings wie überall in den USA fast nur Wohnmobile versammeln. An den Digital-Thermometern erkennen wir, daß die kühleren Gebirgsregionen hinter uns liegen. 100 Grad Fahrenheit sind Standard, 110 keine Seltenheit. Um die uns geläufigeren Celsiusgrade daraus zu errechnen, müssen 32 abgezogen und mit 5/9 multipliziert werden (110 minus 32 = 78 mal 5 = 390 geteilt durch 9 = 43,3 Grad Celsius).

Las Vegas ist eher volkstümlich

Wir befinden uns am Nordrand der Mojave Desert, eines der heißesten Wüstenbecken der Erde. Gegen die feuchte Meeresluft abgeschirmt von der Coastal Range und der Sierra Nevada, erstreckt sich das fast regenfreie Gebiet bis zum Colorado im Osten. Im Süden geht die Mojave in die mexikanische Sonora Desert über; weite Teile sind für militärische Zwecke gesperrt. Der nördliche Ausläufer ist als „Death Valley National Monument" geschützt. Dieses Monument ist nicht nur eine farbenprächtige, schillernde Wüste; es ist den Amerikanern auch Symbol. Ein Mahnmal an die Strapazen und Leiden der „49er", wie die ersten weißen Pioniere des Westens genannt werden.

Im August 1980 kletterte das Thermometer auf die Weltrekordmarke von 62 Grad Celsius. Mit 50 Grad im Schatten muß man um diese Jahreszeit immer rechnen. Wir nähern uns dieser Höllenpforte über Pahrump, Shoshone und Death Valley Junction. Hinter uns liegt eine mit Yoshua Trees gespickte Halbwüste, vor uns die bunten Sandstein- buckel der Amargosa Range. Den tollsten Einblick in diese fremdarti- ge Urwelt offenbart der Aussichtspunkt Zabriskie Point. Wie Kolosse aus einer anderen Welt schlummern unter uns drachen- und walroß- förmige Gebilde, überzogen von „Samt", der im Abendlicht weiß, gelb, rosa, rot, lila und braun schimmert. Unten im Tal glitzert die Salzkruste bläulich-kalt, während die Ostseite des Todestals von der Panamint Range eingerahmt wird.

62 Grad Celsius im Tal des Todes

Um die Mittagszeit wirkt natürlich alles flach und fahl. Man sollte sich daher in Las Vegas Zeit lassen und erst am frühen Nachmittag starten. Je nach Fahrstil kann man in drei bis vier Stunden am Zabris- kie Point sein. Was man von hier oben nicht sieht und wohl auch kaum vermutet, überrascht dafür umsomehr: Im Zentrum des Todes- tals angelangt, liegt vor uns eine Oase. In Furnace Creek finden wir ein Motel, ein Restaurant und einen Campingplatz. Das mit dem Zelten ist allerdings so eine Sache. Weniger wegen der zahlreichen Klapper- schlangen, die sich kaum in die Oase wagen, als vielmehr wegen der Hitze. Denn auch nachts kühlt es kaum unter 30 Grad ab. So manch einer mag daher ein klimatisiertes Motelzimmer vorziehen.

Klapperschlangen wagen sich kaum in die Oase

Nur 10 Meilen südlich von Furnace Creek beginnt der Artists Drive, eine Einbahnstraße durch die Farbpalette der Natur. Auch für eilige Besucher ein unbedingt lohnendes Ziel. Beim Studium der Landkarte mag der Gedanke kommen, das Wüstental gen Norden zu verlassen. Für diese Route, die drei Meilen vor dem Ubehebe Crater abzweigt, muß man unbedingt bei den Park Rangern einen Zustandsbericht ein- holen. Flashfloods können die Wüstenpiste nämlich in ein unpassier- bares Geröllfeld verwandeln. Außerdem sollte man für den 75-Mei- len-Ritt nach Big Pine (ab Furnace Creek sind es sogar 125 Meilen) entsprechend ausgerüstet sein. Leichtsinn kann hier verhängnisvoll sein (Lesen Sie hierzu auch das einleitende Kapitel über die Wüste).

Der problemlose Weg führt links an den großen Sanddünen vorbei in südwestlicher Richtung auf den Towne Pass. Hier oben ist es schon merklich kühler und wir können etwas Luft schnappen, bevor es auf einem kurvenreichen Asphaltband durch das heiße Panamint Valley geht. Durchquerten wir soeben noch die tiefste Senke Nordamerikas (Badwater südlich von Furnace Creek liegt 86 Meter unter dem Meeresspiegel), so fahren wir jetzt direkt auf den zweithöchsten Berg der USA zu. Nur der in Alaska gelegene Mt. McKinley überragt den 4418 Meter hohen Mt.Whitney. Er krönt die Sierra Nevada, ein Hochgebirge, in dem sich die riesigsten Bäume, die steilsten Felswände und die höchsten Wasserfälle der Erde ein Stelldichein geben. Es erstreckt sich wie eine Barriere zwischen dem fruchtbaren San Joaquin Valley und den Wüsten Nevadas.

Der 3030 Meter hohe Tioga Paß

Wir müssen uns warm anziehen, um die Sierra zu durchqueren. Bis auf 3030 Meter führt der Tioga Paß, der gleichzeitig auch das Tor zum Yosemite Park darstellt. Schon hinter Bishop steigt die teilweise breit ausgebaute State 395 über den 2450 Meter hohen Deadman Summit. Mit diesem „Höhe-Punkt" erreichen wir auch schon fast das Ende der Rundfahrt durch den Südwesten der USA. Je nach Passion kann man sich die restlichen Tage (falls noch vorhanden) einteilen. Vor allem Bergwanderer finden im Yosemite Park, der sich übrigens „Jossimmittie" spricht, vorbildliche Trails. Wer jedoch von der Wildnis genug hat, wird sich gerne in dem einstigen Hippie-Paradies San Francisco tummeln. Nur noch eine Tagestour trennt uns von der tolerantesten und für viele auch schönsten Stadt der USA.

Baja California

Die Baja California ist zum Glück kein „typisches" Touristenziel. Ja, die wenigsten können vermutlich mit diesem Namen überhaupt etwas anfangen. Einige unter den Motorradfahrern denken vielleicht noch an das alljährlich auf der Baja stattfindende Offroad-Rennen. Das war's dann auch meist schon. Und dabei zählt diese Halbinsel zu den landschaftlich beeindruckendsten Gebieten der Erde.

Baja heißt soviel wie nieder und bezeichnet „Niederkalifornien", jenen Teil des „gelobten Landes", der jenseits der Grenze nach Mexiko liegt. Während im amerikanischen Kalifornien „Milch und Honig" fließen, ist der mexikanische Teil auch heute noch eine vergessene Wüste, die sich als fingerförmige Halbinsel bis über den Wendekreis des Krebses hinzieht. Seit Jahren ist „die Baja", wie sie unter Insidern kurz genannt wird, nicht nur der Traum vieler Globetrotter, sondern auch bevorzugtes Urlaubsland einiger reicher Amerikaner, denen ihr goldenes Eldorado zu überlaufen, zu perfekt geworden ist. Hier im Süden finden sie auch heute noch unverdorbene Natur, eine faszinierende Wüstenlandschaft und einen beinahe unglaublichen Fischreichtum in den Fluten des Cortez Meers.

Bis 1973 gab es auf der Baja keine einzige geteerte Straße. Heute durchzieht die „Mexico 1" auf 1700 Kilometern Länge die Halbinsel von Nord nach Süd. Die Baja ist zwischen 48 und 233 Kilometer breit und etwa 1300 Kilometer lang. Flächenmäßig ist sie nur wenig größer als Österreich, aber länger als der italienische Stiefel, und hat nur knapp eineinhalb Millionen Einwohner. Die meisten davon leben in den Städten Tijuana, Mexicali, Ensenada oder La Paz. Die so wenig zersiedelte Halbinsel wird im Osten durch das Cortez Meer vom mexikanischen Festland getrennt. Im Westen umspült der Pazifik die einsamen Buchten. Neben unzähligen und kakteenreichen Wüstengebieten gibt es auch eine Reihe von Gebirgszügen, die gleichsam das Rückgrat bilden. Der höchste Berg, der Picacho del Diablo, ist knapp über 3000 Meter hoch.

Die Baja ist länger als Italien

Unsere Baja-Reise begann in La Paz, wo wir – mit der Fähre von Topolobampo kommend – an Land gingen. Acht Stunden dauerte die Horror-Überfahrt bei glühender Hitze an Bord! Wir hatten die Anfahrt über Tucson und Nogales gewählt, weil wir vermeiden wollten, die „Mexico 1", diese Lebensader der Baja, zweimal befahren zu müssen. Wen dies nicht stört, der bereist die Baja am besten von Los Angeles aus. In zwei bis drei Wochen kann man dann einen unvergeßlichen Baja-Urlaub erleben. Wer längere Ausflüge abseits der Piste plant, benötigt natürlich entsprechend mehr Zeit.

In La Paz angekommen, machen wir uns zunächst auf den Weg nach Süden, zum Cabo San Lucas. Nach einer Weile finden wir endlich die Teerpiste, die uns nach Süden bringen soll. Straßenschilder sind auf der Baja nämlich rar. Lediglich eines taucht immer wieder auf: „Better late than never" (zu deutsch: besser spät als nie) lautet eine etwas makabre Warnung vor den Gefahren der „Mexico 1", die übrigens größtenteils ziemlich holprig und mit Schlaglöchern verziert ist. In San Bartolo lernen wir ihre Tücken erstmals richtig kennen. Zwei ohne Vorwarnung in die Straße eingelassene Stolperschwellen katapul-

Abb. Seite 130/131
Die schwungvolle Asphaltstraße in den Zion Canyon
(Utah/USA)

Abb. Seite 132/133:
Mit dem Harley-Gespann durch die Anza-Borrego Wüste
(Kalifornien/USA)

Abb. Seite 134/135:
Die Cardons auf der Baja California sind die größten Kakteen der Welt

Abb. Seite 136/137:
Auch im Sand kann man zügig fahren: Zwei
Suzuki DR 400 unterwegs in der peruanischen Wüste

Abb. Seite 138/139:
Wie hier in Peru faszinieren auch die anderen
Wüsten der Erde durch ihre farbige Struktur

Abb. Seite 140/141:
Weiche Sanddünen kann man nur mit einer unbeladenen
Enduro bezwingen (Peru)

Abb. Seite 142/143:
Auf extremen Wüstenpisten müssen mitunter
abenteuerliche Steigungen bzw. Gefälle überwunden
werden (Peru)

tieren uns samt Motorrad in die Luft. Zum Glück ohne weitere Folgen. Wir rollen, vorsichtiger geworden, weiter und erleben fünf Minuten später unser erstes Baja-Gewitter. Es gießt aus allen Wolken. Die Natur geht auf dieser wundersamen Halbinsel nicht nur mit Sonne, Wüsten und Kakteen verschwenderisch um. Hin und wieder verwandelt sie auch ganze Landstriche in Binnenseen.

Ganze Landstriche verwandeln sich in Binnenseen

Insgesamt kann man die Baja in etwa drei Klimagebiete unterteilen: der Norden erinnert an das Klima des US-amerikanischen Südkalifornien. Die Sommer sind heiß und im Winter regnet es. Manchmal fällt sogar Schnee. Der mittlere Teil der Halbinsel ist der trockenste. In der Vizcaino-Wüste fällt oft jahrelang kein Tropfen Regen. Der Süden schließlich, bis hinunter zum Kap, ist der subtropische Teil mit der entsprechenden Vegetation, dem glutheißen Sommer und den prasselnden Regenschauern.

Wir sind binnen Sekunden total durchnäßt. Das Wasser steht innerhalb von Minuten knöcheltief auf der Straße. Ein typischer Flash Flood, wie man ihn in allen Trockenzonen antreffen kann. Die Hoffnung auf den warmen, trockenen Strand läßt uns durchhalten. Und tatsächlich — kaum senkt sich die schmale Straße in engen Kurven bergab, öffnet sich der dichte Regenschleier und vor uns liegt der tiefblaue Golf. Sofort wird es wieder heiß. Wasserdampf steigt vom Asphalt empor. Und nach kurzer Zeit sind wir wieder trocken. Das ist der Unterschied zum deutschen Landregen!

Zwei Hotels, ein kleiner Fischerhafen, eine staubige Hauptstraße und ein malerischer Blick auf das Kap, das sind unsere ersten Eindrücke von Cabo San Lucas. Wir haben den Südzipfel der Halbinsel erreicht. In einer gefährlichen Kreuzbrandung prallen hier die Fluten des Cortez Meeres mit dem Pazifik zusammen, umtosen die Felsen des Kaps. Schwimmen ist lebensgefährlich und selbst die kleinen Nußschalen der Fischer wollen in dem aufgewühlten Gewässer sorgsam gesteuert werden. Wir lassen uns von einem Fischer hinausfahren, beobachten Seelöwen, die faul in der Sonne auf den Felsen dösen, unermüdlich fischende Pelikane und Möwen. Dann lassen wir uns von dem Fischer in einer kleinen, unzugänglichen Bucht absetzen. Er verspricht uns, gegen Nachmittag wiederzukommen und uns abzuholen, was er übrigens tatsächlich getan hat.

Schwimmen ist hier lebensgefährlich

Eine Tagesetappe führt wieder zurück nach La Paz. Vor uns liegen nun fast 900 Meilen „Mexico 1" — ein endloses, einsames Asphaltband. Stundenlang dreschen wir den fürchterlich klingelnden Motor der Harley durch die dumpfe Hitze. Rechts und links flache Kakteen-Wüste, hin und wieder unterbrochen durch einige Baumwollplantagen. Gegen Mittag finden wir endlich ein Rasthaus: eine knallblaue Barakke. Zwischen Hühnern und ein paar Katzen schütten wir lauwarme Cola hinunter. Die Landschaft hier und vor allem die brütende Hitze deprimieren uns. Hinter Villa Insurgentes werden wir für die stumpfsinnige Strapaze belohnt. Das holperige Asphaltband windet sich jetzt durch eine abenteuerliche Bergwelt, in der schroffe Felsen, tiefe Canyons und gewaltige Kakteen eine wildromantische Landschaft formen. Ein kurzer Abstecher auf die ab und zu sichtbare alte Geländepiste vor dem Bau der „Mexico 1" vermittelt uns einen Eindruck von dem, was die Baja-Durchquerung noch vor wenigen Jahren bedeutete: ein knallhartes Offroad-Abenteuer mit Stundendurchschnitten von maximal 10 km/h.

Wir erreichen Puerto Escondito, eine traumhafte Bucht. Die tiefstehende Sonne läßt die vorgelagerten Inseln violett schimmern. Hinter uns schmelzen die verschiedenen Bergketten der Sierra de la Giganta zu einem Pastellgemälde zusammen. Die nun folgenden 270 Kilometer von der Palmen-Oase Loreto, einst Kaliforniens Hauptstadt, bis nach San Ignacio sind der schönste Teil der Reise. Die Straße wird jetzt von bis zu 20 Meter hohen Cardons flankiert, den größten Kakteen der Welt. Sie werden oft mit den Saguaro-Kakteen in Arizona verwechselt, doch die gibt es auf der Baja nicht. Die Cardons erreichen Stamm-Durchmesser von eineinhalb Metern! Wir machen einen Abstecher in die Steinwüste. Nach nur wenigen hundert Metern zu Fuß haben wir fast schon die Orientierung verloren. Die kochende Hitze scheint jedes Geräusch zu ersticken. Nur unsere Stiefel lassen die verdorrten Dornensträucher wie Klapperschlangen rasseln. Wie goldgierig müssen doch die Spanier, wie besessen die Missionare gewesen sein, dieses Land zu betreten! Gemeinsam sorgten sie dann übrigens für die nahezu vollständige Ausrottung der Indios: mit Waffen und eingeschleppten Krankheiten.

San Ignacio ist eine der wenigen Oasen im Innern der Baja. Das ansonsten oft triste Bild der Hütten und Sandstraßen wird hier durch Palmen verschönt. Im dunklen, kühlen Wasser des Rio San Ignacio erholen wir uns von der Wüstenfahrt. Angenehm erfrischend ist das Bad im Fluß im Vergleich zur lauwarmen Brühe des Cortez Meeres. Beim anschließenden Camp unter Palmen erhalten wir Gesellschaft von einem Pärchen aus San Francisco. Mit einem Pickup sind die beiden vor der Westcoast-Hektik in die Einsamkeit geflüchtet. Sie geben uns den Tip, die Bahia de los Angeles, die Bucht der Engel, anzusteuern.

Loreto war die Hauptstadt Kaliforniens

Ein Camp unter Palmen

146

Bei Punta Priete verlassen wir die „Mexico 1" und gelangen zunächst einmal auf das schlechteste Straßenstück der ganzen Tour. Die 70 Kilometer vollkommen ruinierter Teerpiste sind halsbrecherischer als jede Dirt Road. Wir brauchen über drei Stunden zum Golf! Der ständige Eiertanz um die kraterähnlichen Risse und Löcher läßt uns kaum Gelegenheit, die faszinierende Landschaft zu genießen. Am Ziel werden wir dann ebenso überraschend wie herzlich empfangen. Ein älterer Amerikaner reicht uns zwei Dosen eisgekühltes Bier und erzählt, daß er früher selbst oft mit dem Motorrad hierherkam. Dann kommt Papa Diaz auf uns zu. Antero Diaz ist der „König" von Bahia de los Angeles. Er hat das einzige Motel hier und das ebenfalls einzige Restaurant. Er haut uns zwei riesige Steaks in die Pfanne und sorgt dafür, daß wir für die Nacht zwei herrlich bequeme Feldbetten auf die Veranda bekommen. In den Motel-Räumen ohne Klimaanlage und Ventilator wäre es nachts ohnehin nicht auszuhalten. Nachdem wir noch einen riesigen Dorfköter verscheucht hatten, der es sich in meinem Bett bequem gemacht hatte, fallen wir in einen erschöpften Schlaf.

In den frühen Morgenstunden reißt uns ohrenbetäubender Lärm aus den Federn. Keine zehn Meter neben uns ist ein Sportflugzeug gelandet. Jetzt wissen wir auch, wozu die Steine entlang des Dorfplatzes gut sein sollten: Das ist die Markierung der Landepiste! Der nächste Schock: Die einzige Tankstelle des Dorfes hat kein Benzin mehr! Es soll irgendwann in den nächsten Tagen eintreffen. Papa Diaz ist wieder mal Retter in der Not. Er verkauft uns von seinem Privat-Vorrat eine Tankfüllung. Leider hat er aber kein Super (Extra), sondern nur das gewöhnliche Nova (Normalbenzin). Und vor uns liegen ganz erhebliche Steigungen! Wird die arme, geschundene Harley das schaffen? Sie klingelt in dieser Hitze ohnehin markerschütternd. Zu unserer maßlosen Überraschung stampft die Maschine jedoch mit dem „Nova" kraftvoller und problemloser als je zuvor die Berge hinauf.

Ein amerikanischer Motorradfahrer klärt uns später auf: In Mexiko ist das Superbenzin für die amerikanischen Schlitten gedacht und die brauchen fast alle bleifreies Benzin. Das „Extra" ist zwar hochoktaniger, aber eben bleifrei, während das gewöhnliche „Nova" etwas weniger Oktan, aber dafür Blei hat. Baja-Spezialisten schwören auf eine Mischung der beiden Kraftstoffsorten. Wir bleiben künftig beim „Nova", das gerade ein Viertel soviel kostet wie bei uns.

Nach dem Hitze-Inferno im Süden werden wir nun auf der Westseite der Sierra durch einen Kälteeinbruch überrascht. Gegen Abend nähert sich die Temperatur dem Gefrierpunkt! Halb erfroren klopfen wir an die Tür von Anita Espinosa in El Rosario. Da dies die einzige Unterkunftsmöglichkeit am Ort ist und Senora Espinosa außerdem zu den Originalen der Baja gehört, wird ihre Adresse von Reisenden als Geheimtip weitergegeben. Stolz zeigt sie uns ihr Gästebuch, in dem sich Globetrotter aus aller Welt verewigt haben. Deutsche sind nicht sonderlich zahlreich vertreten. Die Wirtin erzählt uns von der Baja 1000, die früher direkt an ihrer Haustüre vorbeiführte, und von den vielen netten Leuten, die sich einst auf den beschwerlichen Weg gen Süden machten. Ein bißchen wehmütig fügt sie an, daß die Teerstraße vieles verändert habe. Allzuoft würden die Touristen stur an den Schönheiten der Landschaft vorbeirauschen, nur bestrebt, das Kap zu „machen", abzuhaken.

Und dennoch hat schließlich die „Mexico 1" auch uns dazu verholfen, in zwei knappen Wochen wenigstens Eindrücke von der Baja zu bekommen. Wirklich kennenlernen kann man diese Halbinsel sicher nur, wenn man auf einer Enduro unterwegs ist. Neben der Teerstraße gibt es nämlich eine Unmenge von kleinen, verlockenden Wegen und Pfaden, die an die verstecktesten Strände, in die schönsten Gebirgswüsten führen. Schade, wenn man diese Leckerbissen auslassen muß, weil man einen vollgepackten Fünfzentner-Koloß fährt. Beachten sollte man jedoch, daß ein solcher Trip nicht ungefährlich ist. Schlangen, Skorpione oder Berglöwen — die es auf der Baja noch gibt — bilden dabei die wohl geringere Gefahr als der Wasser- und Spritmangel. Es heißt also gut vorzusorgen, wenn man ins Gelände will. Und man sollte auch über gutes Kartenmaterial verfügen. Heiß empfehlen kann ich hier das Buch von Jim Hunter: Offbeat Baja, das übrigens 1982 ins deutsche übersetzt und vom Müller-Stauch-Verlag verlegt worden ist (ISBN 3-922592-04-X). Hunter beschreibt in exakten Logbuchaufzeichnungen mit genauen Kilometerangaben 52 der wohl schönsten Geländepisten und klassifiziert sie in Schwierigkeitsgrade.

Doch auch Jim Hunter hat erkannt, daß dieses Paradies in Gefahr ist. In seinem Vorwort schreibt er: „Ein Traum wird auf der Baja California wahr: der einer unverdorbenen Wildnis, die von starken und großherzigen Menschen bewohnt wird. Ich schreibe dieses Buch nicht ohne die ständige Angst, daß der anwachsende Tourismus dies ändern könnte. Meine Hoffnung ist, daß die Baja California treue Freunde gewinnt: Freunde, denen das Land, das sie gesehen haben, und die Leute, die sie getroffen haben, viel bedeuten und beiden mit Respekt begegnen; Freunde die durch ihre Liebe und ihr Verständnis für diese wilde Gegend auch bereit sind, sie zu beschützen".

Die Sahara

»Dies ist der schönste Anblick der Erde! Man kann ihn nicht beschreiben. Er zeigt uns, wie einsam der Mensch mit ihm ist. Wie ein Wassertropfen im Meer...« Pater Charles Foucauld hat dies geschrieben. Ich lese es in seinem Tagebuch und versuche, mir die Sätze einzuprägen. Als ich vor die ärmliche Eremitenklause trete und aufsehe, verstehe ich, was er gemeint hat. Die düsteren Vulkankegel im Licht der untergehenden Sonne üben eine hypnotische Wirkung auf den Betrachter aus. Allein wegen dieser Schönheit schon hat sich die Afrika-Reise gelohnt.

Wer die Sahara durchqueren will, muß nicht unbedingt eine Expedition mitmachen. Mit jeder gut ausgerüsteten Straßenmaschine kann man nach Tamanrasset gelangen, das Eldorado aller Wüsten-Freaks. Hier ist dann allerdings ein handliches Motorrad von Vorteil, wenn man zur Assekrem-Rundfahrt starten will. Doch keiner sollte sie versäumen. Das Hoggar-Gebirge zählt zu den Highlights einer Algerien-Tour.

Unsere Reise begann an einem regnerischen, kühlen Tag im November, als uns die »Liberté« im Mittelmeerhafen Algier an Land spuckte. Nach einer 20stündigen Seefahrt von Marseille bis Algerien sind wir froh, endlich wieder festen Boden unter den Füßen zu haben. Doch ehe wir uns auf die Motorräder schwingen dürfen, heißt es zunächst, die Zollprozedur zu überstehen. Etwa drei Stunden verbringen wir damit. Die Bürokratie ist nicht in Deutschland erfunden worden... Wer dann auch noch den gesetzlichen Mindestumtausch von rund 400 DM in algerische Dinare hinter sich gebracht hat, tritt ins Freie, wo algerische Hafenarbeiter inzwischen die Autos aus dem Schiffsbauch herausgefahren und in einer gigantischen Schlange für die Zollkontrolle aufgestellt haben. Uns wird ganz anders, als wir uns ausmalen, daß ein unbedarfter Dockarbeiter vielleicht versuchen sollte, unsere schwerbeladenen Motorräder vom Ständer zu wuchten. Als wir mit den schlimmsten Vorahnungen nach unten auf die Fähre laufen, stehen die beiden BMWs noch einträchtig nebeneinander. Die Haltetaue wurden zwar gelöst, aber anpacken wollte die Maschinen wohl doch keiner, zum Glück. Selbst für uns ist es eine Geschicklichkeitsübung, sie zu rangieren, ohne daß sie auf dem schmierigen Schiffsdeck umkippen.

Wir sind zwar schon bis Marseille damit gefahren, haben uns aber immer noch nicht an das eigenwillige Fahrverhalten der sonst so leichtfüßigen G/S gewöhnt. Die 30-Liter-Tanks und das viele Gepäck, das man nun mal auf eine Afrika-Tour mitnehmen muß, machen sich bemerk-

Auch in Algerien gibt es Bürokraten

149

bar. Als wir endlich die Zollkontrolle hinter uns haben und aus dem Hafen durch Algier rollen, fühlen wir uns mitten im Verkehrsgewühl wie Don Quichotte auf Rosinante.

Wir kommen gerade noch 210 Kilometer weit, bis Ain Oussera. Hier, auf dem 36. Breitengrad, sind die Tage kurz, und die Dämmerung bricht schlagartig herein. Wir suchen uns angesichts der eisigen Kälte ein Hotel. Das einzige am Ort heißt »Modern Hotel«, und nach einigem Suchen finden wir es sogar. Es ist giftgrün angestrichen und hat Zimmer frei. An europäischen Maßstäben läßt es sich freilich nicht messen, doch was soll's. Ein Bett ist ein Bett. Und sauber ist es. Was man von den Toilettenanlagen nicht gerade behaupten kann!

Um 5.30 Uhr treibt uns der Muezzin aus dem Bett

Am anderen Morgen weckt uns eine Art Kriegsgeheul, das mich vor Schreck beinahe aus dem Bett fallen läßt: Direkt neben dem Hotel steht das Minarett, und um Punkt 5.30 Uhr beginnt der Muezzin, über Lautsprecher Allah zu loben. Als nach einer halben Stunde das ganze von vorne beginnt, beschließen wir, früh aufzubrechen. Bei elf Grad Morgentemperatur schwingen wir uns in die Sättel und düsen weiter. Während wir gestern durch den fruchtbaren Gürtel an der Mittelmeerküste gefahren sind, wo der köstliche algerische Rotwein angebaut wird, ändert sich jetzt die Landschaft völlig. Es wird »wüster«. Zwar bekommen wir noch keine Sanddünen zu Gesicht, aber das Land wird einsamer, ist kaum mehr besiedelt. Kamele schlendern träge über das schmale Asphaltband, das hier noch gut ausgebaut ist und uns nach Süden führen soll. Ein ziemlich unangenehmer Wind, der uns Sand unters Visier treibt, erinnert daran, wo wir uns befinden: am Rande der größten Wüste der Erde, der Sahara.

Hinter Laghouat bläst uns der Wind fast von den Motorrädern. Die Straße führt schnurgeradeaus, aber wir fahren in Schräglage, um den Winddruck auszugleichen. Mit 120 km/h kommen wir gut voran. Die Straße ist sehr gut ausgebaut, und wir erreichen frühzeitig Ghardaia, die Mozabiten-Stadt. Diese für ihren Fleiß und ihre Strebsamkeit, aber auch für ihre Religiosität und Sittenstrenge berühmte islamische Sekte hat sich hier mitten in der Sandwüste eine blühende Oase aufgebaut, die durch ihre günstige Lage in einem Talkessel außerordentlich fruchtbar und bei allen Afrika-Fahrern wegen ihrer Schönheit bekannt ist. Wer genug Zeit hat, kann Ausflüge in die nahegelegenen Mozabiten-Städte machen, die noch strenger verwaltet werden als Ghardaia. In Beni-Izguen zum Beispiel, einer bildhübschen alten Stadt, die nur mit Führer betreten werden kann, darf kein Fremder übernachten. Im Ort herrscht striktes Rauch- und Alkoholverbot, und auch Radiomusik ist verboten.

Ghardaia gehört zu den schönsten Städten

Der Tourist muß sich entsprechend sittenstreng kleiden. In Shorts oder kurzen Ärmeln kommt keiner hinter die Mauern der strenggläubigen Moslems.

Wir verlassen Ghardaia und fahren eine Paßstraße hinauf auf ein Plateau. Nach ein paar Kurven schon sieht die Natur so lebensfeindlich und unwirtlich aus, als hätten wir nicht gerade noch in einer blühenden Oase gestanden. Etwa 70 Kilometer hinter Ghardaia entdecken wir gute Zeltmöglichkeiten in einer kargen Mondlandschaft. Dann, 120 Kilometer vor El Goléa, tauchen die ersten Sanddünen auf. Leider bilden sich aber auch auf der Straße immer wieder Miniaturdünen, die zum Teil bis einen halben Meter hoch werden können. Wer hier nicht aufpaßt und in eine solche Verwehung zu schnell hineinfährt, landet mit einem demolierten Fahrzeug oder Schlimmerem irgendwo in der Wüste.

Die Sandverwehungen sind gefährlich

El Goléa ist im Vergleich zu Ghardaia gewiß keine Attraktion. Wir versorgen uns mit frischem Stangenweißbrot und verlassen die Stadt gleich wieder. Die nächsten 40 Kilometer führen durch brettebene Landschaft. Schwierig, hier einen Platz zum Campen zu finden. Normalerweise haben wir damit in Algerien keine Probleme. Allerdings achten wir immer darauf, daß man uns von der Straße aus nicht sehen kann. Auch an diesem Nachmittag fahren wir rechtwinklig von der Piste ab. Ein paar Kilometer weiter haben wir kleine Sanddünen mit Büschen davor entdeckt. Wir bauen unser Zelt so auf, daß es nahezu unsichtbar ist. Von Vorteil ist da eine möglichst naturnahe Farbe des Zeltstoffes.

Die Sonne steht schon tief, und der Sand strahlt wohlige Wärme ab. Da machen wir die Bekanntschaft einer sehr unangenehmen Wüsten-Plage. Ganz egal, wie weit man von Oasen entfernt ist, kaum hält man an und setzt den Helm ab, kommen sie. Von irgendwoher. Zu Tausenden: Fliegen! Sie krabbeln dir im Gesicht herum, in den Haaren, den Augen, Ohren, Nase und Mund. Es ist zum Verrücktwerden. Anfangs schlage ich wütend um mich, um die Biester zu vertreiben. Aber das bringt gar nichts. Erst, als ich mir in Tuareg-Manier ein Halstuch so um den Kopf binde, daß nur noch ein schmaler Sehschlitz frei bleibt, habe ich einigermaßen Ruhe. Nachdem die Sonne am Horizont verschwunden ist, wird es schlagartig kühl. Der eben noch warme Sand wird kalt und feucht. Immerhin verschwinden fast gleichzeitig mit der Sonne auch die lästigen Fliegen. Wir können ungestört essen und am Lagerfeuer Tageserlebnisse besprechen.

Die Sonne kommt wieder um 7.30 Uhr. Das Thermometer zeigt gerade fünf Grad Celsius. – Nur vier Stunden später klettert es auf 23 Grad, und auch die Fliegen sind wieder da! – Wir nützen die Morgenkühle,

um die Motorräder gründlich durchzuchecken. Dann mache ich mit
der unbeladenen Maschine einige Fahrübungen. Gestern, beim Abfahren von der Straße in den tiefen Sand, habe ich gemerkt, daß man ein
Motorrad hier nur schwer beherrschen kann, wenn es so voll beladen ist
wie die unseren. Ich bin gleich nach den ersten paar Metern kopfüber abgestiegen. Wie ich im weiteren Verlauf der Reise lernen sollte, tut man
sich dabei nicht weh. Meistens, wenigstens. Das Lästige an den kleinen
und größeren Stürzen ist nur, daß man das Motorrad alleine nicht wieder in die Senkrechte bringt. Also muß der Reisepartner jedesmal helfen. Das ist nicht nur zeit-, sondern auch nervenraubend.

Die Technik des Motorradfahrens im Sand ist nicht einfach, aber erlernbar. Jeder, der zum erstenmal im Tiefsand fährt, denkt, daß es eigentlich unmöglich ist — mit beladener Maschine, wohlgemerkt. Die ganze
Fuhre schwimmt, gehorcht seltsamen Gesetzen, die man noch nicht abschätzen kann. Hektische Lenkkorrekturen oder gar »Füßeln« führen
nur um so schneller zum Sturz. Die Devise heißt: Gas geben, hochtourig
fahren, das Motorrad »auf Zug« halten und keine engen Kurven fahren.
Bei all dem muß man die Beine an den Tank pressen und den Lenker
kräftig festhalten. Sehr tiefe Sandpassagen nimmt man mit hoher Geschwindigkeit und in den Fußrasten stehend. Bei tiefen Spurrillen »füßelt« man sich im Standgas langsam durch. Eine Alternative zwischen
»ganz langsam« und »sehr schnell« gibt es leider in der Regel nicht,
wobei unter »sehr schnell« etwa 70 bis 100 km/h zu verstehen sind.

Wer nach Tamanrasset will, braucht sich über große Tiefsandfahrten
keine Gedanken zu machen. Zwar ist die Asphaltpiste teilweise sehr
schlecht, mit Schlaglöchern gespickt. Aber immerhin existiert sie. Anders dagegen wird's, wenn man nicht von El Goléa nach In Salah auf der
direkten Route fährt, sondern den Abstecher über die bezaubernde Wüstenstadt Timimoun und über Reggane nimmt. Etwa 60 Kilometer hinter El Goléa zweigt rechts die Route nach Timimoun ab. Ein gutes, einspuriges Asphaltband führt südlich der großen Sanddünen des Grand
Erg Occidental entlang nach Westen. Die Landschaft ist karg und öde.

290 Kilometer nach der Abzweigung stehen wir vor den Toren der »roten Stadt«, vor Timimoun. Die sudanesische Lehmarchitektur fasziniert
uns. Kunstvoll durchbrochene Torbögen, teils in lehmigem Rot, teils
weiß getüncht, Türmchen, Erkerchen, wohin man blickt. Eine bezaubernde Stadt! Wir übernachten im Hotel »Gourara«. Von unserem Zimmer aus haben wir einen Traum-Blick auf den Palmenhain der Stadt,
der einer der schönsten in der gesamten Sahara-Region sein soll.

Von Timimoun aus bietet sich ein schöner Abstecher in die Sebkha an, der auch in die schönsten Oasen der Provinz führt. Verwegene Ruinen alter Berberburgen säumen den Weg, Palmenoasen, weißgetünchte Marabuts, wie die Heiligen-Grabmäler genannt werden. Diese Rundfahrt vermittelt unvergeßliche Eindrücke. Sie führt 58 Kilometer auf relativ guten Sandpisten entlang.

Nach zwei erlebnisreichen Tagen in Timimoun brechen wir auf. Die Route bis Reggane bietet keine nennenswerten Schwierigkeiten und keine besonderen Schönheiten. In Reggane schließlich stehen wir am Scheideweg. Geradeaus weiter führt eine Sandpiste durch die »Wüste der Wüsten«, die Tanezrouft, wegen ihrer monotonen Endlosigkeit berüchtigt. Wir wollen von Reggane aus in östliche Richtung zurück auf die R.N.1, nach In Salah. Die Piste über Aoulef ist etwa 280 Kilometer lang und Kategorie B 1.

Nach den »amtlichen Vorschriften für die Benutzung von Straßen und Pisten in Algerien« bedeutet diese Bezeichnung folgendes: »Diese regelmäßig benutzten Pisten sind meist in recht gutem Zustand und dürfen von einzelnen Touristenfahrzeugen sowohl bei Tag als auch bei Nacht befahren werden«. Die Kategorie B 2 bedeutet, daß die Pisten kaum instandgehalten werden und nur im Konvoi mit mindestens einem weiteren Fahrzeug und nur tagsüber befahren werden dürfen. C-Pisten sind aufgrund der bestehenden Gefahren grundsätzlich verboten. Wer sie dennoch befahren will, benötigt eine besondere Bewilligung der zuständigen Wilaya (Bezirksverwaltung). Doch auch auf den B-Pisten muß man sich in der Daira (Kreisverwaltung) abmelden.

Die Pisten sind in Kategorien eingeteilt

Wir gehen in Reggane also zum Bürgermeister, der uns freundlich begrüßt und einige Formulare ausfüllt. Er will wissen, wieviel Benzin und Wasser wir dabei haben, notiert Kfz-Kennzeichen und Personalien und entläßt uns dann. Wenige Kilometer hinter dem Ortsende beginnt die Sandpiste: eine sehr weiche, tiefe Piste mit Spurrillen und Wellblech. Sie ist auch nicht immer klar erkennbar. Wir haben von diesem Gebiet leider keine IGN-Karte dabei, sondern nur die Michelin Nr. 153, die zwar sehr gut, aber eben nur im Maßstab 1:4 Millionen ist. Die Strecke Reggane-In Salah ist auf ihr gerade sechs Zentimeter lang.

Für die lausigen 280 Kilometer bis In Salah brauchen wir zwei Tage! Die Piste ist sehr sandig und zwingt immer wieder zu weiten Ausweichmanövern. Dabei sollte man strengstens darauf achten, daß man die Hauptpiste nicht aus den Augen verliert. Landschaftlich bietet die Piste über Aoulef keine Höhepunkte. Sie führt über das Tidikelt-Plateau, das so öde ist, daß es dort noch nicht mal Fliegen gibt! Und dennoch ist auch diese Öde typisch für die Wüste. Eine Endlosigkeit, die faszinieren

kann. Hunderte von Kilometern ringsum nichts als Sand und Felsen!
In Salah empfängt uns mit einem mittleren Sandsturm. Neben dem
Prädikat, die heißeste algerische Oase zu sein — man hat hier 56 Grad im
Schatten gemessen! — gilt In Salah auch als die Oase mit den häufigsten
Sandstürmen. Das Hotel »Tidikelt« im Osten der Stadt ist so neu, daß
tatsächlich noch alles funktioniert. Sogar die Warmwasserdusche ist in
Betrieb und wir genießen es, nach zwei Tagen im Sandstaub zu duschen.

In Salah ist die heißeste Oase

Noch 660 Kilometer trennen uns von Tamanrasset. Hinter in Salah
führt die Straße zunächst durch eine typische Bilderbuch-Wüste. Dann
geht es ins Gebirge. Eine phantastische Landschaft breitet sich um uns
herum aus. Schwarze Felsmassive zur Linken, rechts verspielt wirkende
rote Sanddünen. Wir fahren in einem breiten Talgrund, der sich von Kilometer zu Kilometer mehr verengt, die Arak-Schlucht. Etwa 20 Kilometer lang windet sich die Straße durch gewaltige, pechschwarze Felsdo-
me. Ein Canyon, wie wir ihn hier, mitten im Sandmeer, nicht erwartet
hätten. Die Wüstenlandschaft hinter der Arak-Schlucht wird immer fas-
zinierender. Wir passieren die Oase In Amguel. Hier zweigt die Piste
nach Djanet ab: 625 Kilometer. Doch uns lockt Tamanrasset, die Oa-
sen-Perle mitten im Hoggar-Gebirge.

Endlich ist es soweit. Wir rollen langsam durch eine schattige Allee.
Café reiht sich an Café. Französische Musik dudelt aus mehreren Tran-
sistorradios. Knusprig gebratene Hähnchen drehen sich am Spieß. Der
Campingplatz von Tam, wie die Stadt unter Insidern kurz genannt wird,
ist absolutes Muß für jeden Afrika-Fahrer. Hier trifft sich alles. An den
Lagerfeuern kommen abends die buntesten Gruppen zusammen und
endlos werden Erlebnisse und Tips ausgetauscht. Von Tam aus bieten
sich aber auch einige hübsche Ausflüge an. Etwa zu den Felsgravuren
nordwestlich der Stadt, oder zum Grab von Amenokal Moussa ag Ama-
stane, dem weisen Tuaregführer. Die unvergeßlichste Tour ist jedoch
die Assekrem-Rundfahrt durch das Hoggar. Es ist das höchste Gebirge
der algerischen Sahara und entstand vor Jahrmillionen durch unzählige
Vulkane. Die bizarren Kegel, die oftmals wie verwunschene Schlösser
oder Burgruinen wirken, sind nichts anderes als Lavafüllungen alter
Vulkane. Da das Lavagestein härter war als der Vulkan selbst, ist es im
Laufe der Jahrtausende übriggeblieben, nachdem die Vulkane durch
Erosion nach und nach abbröckelten.

In Tam treffen sich die Globetrotter

Die merkwürdige Faszination dieser Urwelt zu beschreiben, hat auch
schon Pater Foucauld nicht gewagt, der Einsiedler vom Assekrem. Doch
keiner, der jemals dort oben die Sonne aufgehen sah, wird dieses Erlebnis jemals vergessen.

V. AUSRÜSTUNG

Spätestens nach den ersten Tourenerfahrungen registriert der Anfänger, daß die Wahl der Maschine fast noch ein Kinderspiel war, im Vergleich zu dem, was das Hobby Motorradfahren noch mit sich bringt: Nämlich das recht undurchschaubare Kapitel der Ausrüstung.

Diese beginnt zunächst mal beim Fahrer selbst. Denn wer mehr als 3000 Kilometer im Jahr zurücklegen möchte, braucht mehr als nur ein paar Bundeswehrstiefel (die übrigens nicht schlecht sind) und eine Lederjacke. Mit der Länge der Strecke wachsen dann auch noch die Gepäckprobleme, so daß es auch ans „Aufrüsten" der Maschine geht. Auch hierfür ist das Angebot nicht nur für Anfänger unüberschaubar. In den Jahren des Motorradbooms haben viele Firmen recht halbseidene Produkte auf den Markt geworfen, die sich alle sehr schnell – nach einer Saison – als Schrott erwiesen.

Die Bekleidung

Grundsätzlich muß die Bekleidung zwei Funktionen erfüllen: Sie soll gegen Kälte, Nässe und Zugluft, aber auch vor Sturzverletzungen schützen. Einen Allround-Anzug, der alle Anforderungen voll erfüllt, gibt es nicht. Stattdessen muß jeder Fahrer für sich eine spezielle Kombination aus unterschiedlichen Systemen zusammenstellen. Wie stark dabei die Gewichtung auf Wetter- oder Sturzfestigkeit gelegt wird, hängt nicht zuletzt auch von den Einsatzschwerpunkten ab. Hierzu einige Beispiele:

Wer in erster Linie am Sonntagvormittag seinen „privaten" Rennkurs abjagt, oder sogar ernsthaften Straßenrennsport betreibt, wird mit einer enganliegenden Lederhaut voll zufrieden sein. Wer hingegen Trialsektionen im heimatlichen Steinbruch bevorzugt, wird eine luftige Gelände-Kombination vorziehen. Der Tourenfahrer stellt aber *Tourenfahrer stellen andere Ansprüche* noch andere Ansprüche. Er sitzt meist länger auf dem Motorrad, legt mehr Wert auf Bequemlichkeit. Auf großer Fahrt ist es auch von Vorteil, wenn man je nach Temperatur variieren kann, und man außerdem auch wetterfest verpackt ist.

All diese Kriterien kann eine Lederkombi alleine schon mal nicht erfüllen. Immer mehr Fahrer legen sich daher als Ergänzung oder sogar als Ersatz einen Fahranzug aus Textilstoff zu. Unklare und leider oft auch falsche Angaben der Hersteller machen es allerdings nicht leicht, die richtige Wahl zu treffen. Denn längst nicht alle Anzüge sind regendicht. Und einen Sturzschutz bieten die wenigsten.

Vor dem Kauf sollte man sich darüber im klaren sein, ob man in der Regel noch eine Lederkombi drunter anziehen, oder ob man sich ausschließlich auf den Überanzug verlassen möchte. In der Kombination mit Leder kann man nämlich die mangelhafte Schutzwirkung der meist synthetischen Produkte außer acht lassen. Anders sieht es aus, wenn man diese über der Unterwäsche oder über normaler Straßenkleidung tragen will. Zumindest für Fahrten außerhalb geschlossener Ortschaften sollte man dann schon höhere Ansprüche stellen. Nur ein Hersteller, die Firma Fackelmann, gibt diesbezüglich eine Garantie für die Reißfestigkeit des Materials (sogar mit TÜV-Gutachten).

Mangelhafte Schutzkleidung

Grundsätzlich haben sich bei den Fahr- oder Wärmekombis zwei synthetische Materialien durchgesetzt: Nylon und PVC. Während der eine Stoff Textilcharakter hat, besteht der andere aus einer porenlosen Plastikhaut. PVC ist daher von Haus aus absolut wasserdicht und luftundurchlässig. Nylon „atmet" geringfügig und ist unbehandelt nicht wasserdicht. Nur durch regelmäßiges Imprägnieren wird Nylon wasserabstoßend. Bei Zelten ist dies ähnlich. Nur, daß man eine Zelthaut nicht mit 100 oder mehr Stundenkilometer gegen den Regen preßt. Auf Dauer dicht sind Nylon-Kombis daher nur, wenn sie innen mit Gummi (z. B. Neopren) beschichtet sind. Dadurch verlieren sie aber den letzten Rest an Atmungsaktivität. Hier kann dann nur noch ein gutes Innenfutter verhindern, daß das Kondenswasser die Kombi zum „Saunasack" macht. Das gleiche gilt natürlich auch für PVC-Anzüge.

Nylon muß imprägniert werden

Beide Produkte unseres Chemie-Zeitalters liegen in der Regel preislich weit auseinander. Das leichtere Nylon ist teurer, das schwerere PVC ist billiger, dafür aber stark hitzeempfindlich (Auspuff!).

Die oben genannten Kriterien gelten auch für ungefütterte Regenkombis, die fast ausschließlich als Ergänzung zum Lederzeug getragen werden. Aus dem jeweils gleichen Material gibt es auch Überzieher für Handschuhe und Stiefel. Speziell die „Füßlinge" sind wegen des unausweichlichen Kontakts mit Auspuff und Straße hohem Verschleiß unterworfen. Besonders lästig sind auch die Gummi- oder Plastikhandschuhe, die meist die Bewegungsfähigkeit der Finger stark einschränken. In Verbindung mit dicken Handschuhen ist ein gefühlvolles Dosieren von Bremse und Kupplung kaum noch möglich. Immer beliebter werden daher Handschuhe mit integriertem Regenschutz. Für kurze Regenfahrten ausreichend, nützen sie auf langen Strecken gar nichts, da die Stulpe ungeschützt bleibt.

Lästige Regenhandschuhe

Eine klassische Alternative zu den chemischen Produkten bietet die englische Firma Belstaff mit ihrem gewachsten Leinenanzug. Außenmaterial und Innenfutter des Zweiteilers sind aus reiner Baumwolle gefertigt. Der Faden wird schon vor dem Weben in Wachs getränkt, was den original Belstaff nach Angaben des Herstellers von den billigeren Imitaten unterscheiden soll. Derart präpariert, sind Jacke und Hose ziemlich schwer, vereinen aber zwei scheinbar unvereinbare Eigenschaften: Der Wachsanzug ist atmungsaktiv und regendicht. Etwaige undichte Stellen können leicht nachgewachst werden.

In der Reißfestigkeit steht der kräftige Leinenstoff zumindest den heute verbreiteten dünnen Lederkombis kaum nach, so daß der Belstaff nicht nur als Überanzug, sondern auch als Fahranzug geeignet ist. Er hat übrigens auch noch den Vorteil, nicht zu flattern und sich bei höheren Geschwindigkeiten nicht aufzublasen (mit den meisten Nylon-Anzügen sieht man auf der Autobahn wie ein Michelin-Männchen aus). Für wechselhaftes Wetter und für das Fahren auf Schotterstraßen, was ja doch mit etwas körperlicher Anstrengung verbunden ist, gibt es jedenfalls keine bessere Lösung des Bekleidungsproblems. Einen gravierenden – und für viele auch entscheidenen – Nachteil hat der Belstaff allerdings: Staub und Dieselqualm gehen mit dem Wachs eine höchst unerfreuliche Verbindung ein. Belstaff-Fahrer erkennt man denn auch meist an den schwarzen Fingernägeln...

Wer sich weder mit dem Fackelmann noch mit dem Belstaff anfreunden kann, und wer außerdem Kunststoffanzüge aus Sicherheitsgründen ablehnt, wird beim alten und immer noch guten Leder landen. Der Trend zum Tourenfahren hat auch hier schon seine Spuren hinterlassen. Es gibt mittlerweile schone legere Ledersachen für das bequeme Reisen. Grundsätzlich ist eine zweiteilige Kombination vorzuziehen. Damit ist man flexibler und kann sich auch mal ohne Jacke ins Restaurant setzen.

Seit einigen Jahren neu auf dem Markt sind Textil-Kombis mit Gore-Tex. Die hauchdünne Kunststoff-Folie ist so feinporig, daß sie wasserdampfdurchlässig ist, so daß man nicht schwitzt, Wassertropfen aber abgehalten werden. Die Gore-Tex-Membran ist entweder innen auf dem Trägerstoff, meist Nylon, aufgetragen (laminiert) oder liegt lose zwischen Außenstoff und Innenfutter. Es handelt sich also nur um eine Ergänzung, die die Trageeigenschaften einer Kombi verbessert aber auch deren Preis in die Höhe treibt. Im Neuzustand bieten diese Anzüge einen enormen Komfort, man kann im Regen weiterfahren, ohne sich in eine Regenkombi zwängen zu müssen und bei warmen Temperaturen schwitzt man weniger als im Leder. Allerdings erweisen sich alle Gore-Tex-Anzüge im Dauereinsatz als empfindlich, weil die feine Membran an beanspruchten Stellen undicht werden kann.

Die Gepäckträger

An die Gepäckstücke werden auf dem Motorrad sehr hohe Anforderungen gestellt. Da ist zunächst einmal der Tankrucksack. Trotz zahlreicher Versuche gibt es bis heute keine überzeugende Alternative für den Harro. Verarbeitung und Konzeption sind konkurrenzlos. Zwei gravierende Mängel hatte allerdings auch dieser Bestseller: Die Kartentasche ist falsch plaziert und reißt leicht ein. Außerdem fehlt ein vernünftiger Tragegriff. Mittlerweile gibt es allerdings zwei neue Modelle mit größerer Kartentasche.

Immer wieder steht in Testberichten zu lesen, daß man auf dieser oder jener Enduro keinen Tankrucksack befestigen könne. Ich habe diesbezüglich noch keine unüberwindbaren Probleme gehabt. Sogar auf dem „Motocross-Tank" der XT 550 habe ich den größten Harro gefahren. Man braucht nur das Gepäckstück so befestigen, daß es halb auf dem Tank und halb auf der Sitzbank liegt. Das hat sogar den Vorteil, daß der Tankverschluß nicht abgedeckt wird. Lediglich für sehr kleine Fahrer, die weit vorn sitzen, oder bei Zweimannbetrieb gibt es hierbei Probleme. Den hinteren Halteriemen kann man bei einigen Modellen bei abgenommenen Seitendeckeln unter den oberen Rahmenrohren durchfädeln.

Keine Probleme mit dem Tankrucksack

Ein recht leidiges Kapitel stellen noch immer die Gepäckträger dar. Da serienmäßige Konstruktionen die Ausnahme sind, müssen sich die meisten Motorradfahrer mit Fremdprodukten behelfen. Verschiedene Firmen bieten sogenannte Universalgepäckträger an, die ohne spezielles Anbaukit an jede Maschine passen sollen. Davon abgesehen, daß diese Konstruktionen in der Praxis doch nie hundertprozentig passen, haben sie noch einen weiteren gravierenden Nachteil: Die Vielseitigkeit wird meist durch in sich verschiebbare Rohre erreicht. Dies bedeutet mehr Gewicht, mehr Schraub- und mögliche Bruchstellen. Nur wenn man für seinen Motorradtyp keinen speziell abgestimmten Träger bekommt, sollte man sich mit den im übrigen keineswegs billige-

Universalgepäckträger

159

ren Universalgepäckträgern abfinden.

Fast alle renommierten Zubehörlieferanten verfolgen das selbe Prinzip: Seitenträger und Gepäckbrücke sind für alle Maschinen identisch. Distanzstücke, Blinkerhalter und Anbauteile werden individuell auf die einzelnen Typen abgestimmt. Beim Motorradwechsel braucht man also keinesfalls das ganze System neu kaufen, sondern nur einen neuen Anbaukit.

Weniger einig ist man sich bei der Auswahl des Materials. Es gibt Konstruktionen aus Hohlrohren, Vierkantprofilen, Druckguß und Kunststoffprofilen. Erstgenannte haben den Vorteil, daß man sie jederzeit im Falle eines Bruchs schweißen kann. Vor allem Motorrad-Globetrotter wissen dies zu schätzen. Denn mit viel Gepäck und auf *Oft falsch* schlechten Straßen sind Brüche fast unvermeidlich. Oft resultieren *angebaut* diese übrigens aus einem nicht fachgerechten Anbau. Die verschweißten oder hartgelöteten Träger dürfen nämlich keinesfalls unter Spannung angeschraubt werden. Stattdessen sollte man lieber mit Distanzscheiben arbeiten.

Diese Warnung gilt insbesondere für Druckguß-Träger, die besonders bruchgefährdet sind und außerdem auch nicht normal geschweißt werden können. Unterwegs ist man daher auf Notreparaturen angewiesen. Hierzu besorgt man sich in einer Autowerkstatt, Schrottplatz *Reparatur* o. ä. einen Streifen Stahlblech, der möglichst die Breite des gebrochenen *von Gepäck-* Trägers haben sollte. Dann wird die schadhafte Stelle regelrecht ge- *trägern* schient. Dies geschieht mit einem Leinen-Klebeband (Tesaband), oder mit einer Paketschnur, die man anschließend mit Kunstharz (an jeder besseren Tankstelle erhältlich) einstreicht.

Rohrträger lassen sich auch sehr gut von innen schienen. Hierzu sucht man sich ein Stück Hartholz oder ein Stahlrohr, dessen Außenumfang möglichst exakt dem Innendurchmesser des gebrochenen Rohres entspricht. Hat man dann noch die Möglichkeit, die Bruchstelle zu löten, ist die Reparatur durchaus dauerhaft und ansehnlich.

Die Vor- Die Vorteile des Rohr- oder Vierkantgepäckträgers: sehr stabil, *und Nachteile* leicht zu reparieren. Die Nachteile: hohes Gewicht, rostanfällig.

Die Vorteile von Druckguß-Trägern: geringes Gewicht, rostfrei. Die Nachteile: erhöhte Bruchgefahr bei Stürzen, durch Motorschwingungen oder falschen Anbau.

Die Vorteile beider Systeme vereint ein Gepäckträger aus Kunststoff. Dieser ist extrem leicht, rostet nicht und ist elastisch, also relativ bruchfest. Bisher bietet nur ein Hersteller, die Firma Krauser, Kunststoffseitenträger- und Gepäckbrücken an.

160

Hauptfunktion aller Seitenhalterungen ist die Befestigung von Packtaschen oder Koffern. Ein immer umfangreicheres Angebot an festen Kunststoffkoffern hat die weichen Leder- oder Kunstledertaschen fast vollständig verdrängt. Trotzdem stellen diese Behälter noch immer eine preiswerte Alternative dar. Neben dem erheblich niedrigeren Preis (man bekommt ein Paar zum Preis eines Koffers) schätzen vor allem Endurofahrer die Unverwüstlichkeit der weichen Taschen, die nach einem leichten Rutscher einfach nur ausgebeult werden.

Weiche Koffer wurden verdrängt

Allerdings sind auch einige Kunststoffkoffer erstaunlich robust. So manchen „Tieffliger" haben sie sogar vor schweren Hautabschürfungen bewahrt. Auch im hautnahen Gedrängel südländischer Metropolen bieten sie eine angenehme „Knautschzone". In dieser Beziehung gibt es also kaum was auszusetzen. Mehr Probleme bereiten da schon die Schlösser, mit denen man die Deckel verschließt und den Koffer am Träger befestigt. Hier wurde jahrelang nur Murks geliefert. Erst der Konkurrenzkampf in dem stark expandierenden Zubehörmarkt bescherte uns Schlösser, die endlich die Bezeichnung „Sicherheitsschloß" auch wirklich verdienen.

Ärger mit den Schlössern

Doch auch gute Schlösser werden an Motorrädern nun einmal außerordentlich strapaziert. Daher empfiehlt es sich, alle Schlüssellöcher hin und wieder mit einem zähflüssigen Montagefett zu präparieren. Mit dem Hauptfeind Nr. 1, nämlich Salz, muß man übrigens nicht nur im Winter rechnen. Wer von einer Norwegenreise oder einer Inseltour zurückkommt, wird auch im Sommer häßliche Salzfraßspuren an seiner Maschine vorfinden.

Durch das Einfetten der Kofferschlösser kann man diese auch abdichten. Oft verbirgt sich nämlich gerade hier die einzige undichte Stelle. Auf eine Innentasche sollte man allerdings dennoch nicht verzichten. Nur so kann man verhindern, daß einem beim Öffnen der Deckel der Inhalt entgegenfällt. Die meisten Kofferhersteller bieten Nylon-Innentaschen an. Gleichwertiges findet man aber auch in Warenhäusern, wo es superleichte Reisetaschen schon ab 20 Mark gibt.

Alle Kofferhersteller warnen vor dem Überschreiten von 130 km/h. Die meisten erlauben auch nicht mehr als 10 Kilo Gewicht pro Koffer. In der Tat verziehen sich die meisten Gepäckträger bei höherer Belastung und auf schlechten Straßen abenteuerlich. Weshalb sie auch für Globetrotter meist zu schmalbrüstig sind. Mit mehr oder weniger handwerklichem Geschick entstehen daher oft die verwegensten Konstruktionen aus massiven Rohren oder Vierkanteisen. Der einzige Anbieter von „pistenfesten" Gepäckträgern ist der Globetrott-Experte

Nur 130 km/h

161

Tesch, der sich auf das Ausrüsten der Yamaha XT 500 und der BMW R 80 G/S spezialisiert hat. Passend dazu offeriert Tesch riesige Alu-Container mit je 45 Liter Volumen. Da das Ganze in Kleinserie von Hand fabriziert wird, ist es natürlich nicht gerade billig. Gut das Doppelte wie für eine „normale" Ausrüstung muß man dafür auf den Tisch legen.

Alleine mit Tankrucksack und Packtaschen stehen uns je nach Größe der Behälter 60 bis 110 Liter Volumen zur Verfügung. Darin können wir rund 40 Kilo Gepäck unterbringen. Das reicht für Werkzeug, Foto- und Kartenmaterial, Regenkleidung, Wäsche, Schuhe für zwei Personen. Doch wo bringen wir jetzt Zelt und Schlafsäcke unter? Man kann die Campingutensilien mehr oder weniger ordentlich mit Gummis auf dem Gepäckträger verzurren. Dabei besteht aber die Gefahr, daß einzelne Teile herausrutschen. Außerdem ist die Ausrüstung der Witterung ausgesetzt.

Die einst verpönte amerikanische Erfindung „Topcase" gewinnt daher bei uns immer mehr Freunde. Nahezu alle Koffer- und Gepäckträgerhersteller bieten jetzt auch diese Kunststoffboxen an. Sie werden meist mit der Gepäckbrücke fest verschraubt. Sicher stellt solch ein abschließbarer „Kofferraum" ein willkommenes Fach für Kleinzeug dar. Man kann darin zum Beispiel eine wunderbare Bordküche einrichten (Klappe zu und losfahren). Nur in der Regel müssen wir auf dem Maschinenheck eben das Zeltzubehör unterbringen. Und an dieser Aufgabe scheitern die meisten Boxen. Hinzu kommt die recht exponierte Anbringung – das Topcase steht oft sogar noch über den Gepäckträger nach hinten hinaus. So ergibt sich die denkbar un-

günstigste Gewichtsverteilung. Gleichzeitig wird auch die Seitenwindempfindlichkeit drastisch erhöht.

Sinnvoller und praktischer sind nach meiner Erfahrung weiche, wasserdichte Gepäckrollen, wie sie unter der Bezeichnung „Holiday-Bag" und vom Belstaff-Importeur Brabetz angeboten werden. Ein Minizelt, Zeltstangen und zwei Schlafsäcke finden darin Platz. Man nutzt dabei die von den Packtaschen ohnehin vorgegebene Breite aus, ohne unnötig in die Höhe zu gehen. Je nach Konstruktion des Gepäckträgers kann die Gepäckrolle möglichst weit vorn befestigt werden, im Solobetrieb sogar über der Sitzbank (sehr vorteilhaft für die Gewichtsverteilung).

Sinnvolles Packen

Unterwegs auf großer Tour wird man nicht selten von Autofahrern gefragt, ob man sich nicht sehr einschränken müsse, wenn man mit dem Motorrad unterwegs ist? Meine Antwort darauf hat bisher alle überzeugt: „Als Flugtourist darf ich weniger Gepäck mitnehmen, nämlich nur 20, bei manchen Gesellschaften 30 Kilogramm!" Auf dem Motorrad bringt man hingegen fast einen Zentner ohne große Probleme unter. Solisten können daher einen ganzen Hausstand mitschleppen. Knapper geht es natürlich zu zweit zu. Ohne Einschränkungen kommen da praktisch nur noch Hotel-Reisende aus. Denn neben dem ohnehin obligatorischen Regenzeug nimmt ja auch noch die Campingausrüstung viel Platz weg.

Dieses Problem läßt sich nur durch sorgfältige Einteilung und Planung zufriedenstellend lösen. Zufriedenstellend heißt so, daß auch das Fahrverhalten der Maschine nicht zu stark beeinträchtigt wird. Da man solo ja reichlich Platz zur Verfügung hat, gebe ich hier nur einen Packplan für zwei Personen.

● **Tankrucksack:** Hier ist der sicherste Platz auf dem Motorrad. Selbst im Falle eines Sturzes sind Gegenstände auf dem Tank am sichersten aufgehoben. Ich packe Fotoausrüstung, Geld und Papiere daher grundsätzlich in den Tankrucksack. Hinzu kommen Landkarten und Regenklamotten, ins untere Fach Werkzeug und Reifenreparaturkit bzw. Ersatzschlauch. Montierhebel passen zusammen mit der Regenhaube für den Tankrucksack gut in das flache Zwischenfach. Derart vollgestopft, wiegt das Gepäckstück gut und gerne seine 15 Kilo. Die sollten auch auf der Autobahn, in Kurven, oder wenn die Maschine auf dem Seitenständer lehnt, fest auf dem Tank bleiben. Nur Lederriemen bieten hierfür eine Gewähr.

Kamera im Tankrucksack

● **Packtaschen:** Die Seitenkoffer werden „brüderlich" geteilt. Jeder erhält einen für seine zivilen Kleidungsstücke, Waschzeug, Schuhe und ähnliches.

Kleidung in den Packtaschen

● **Gepäckträger:** Die Verbindungsbrücke zwischen den beiden Seitenhaltern kann man verschieden nutzen. In jedem Fall sollte das Gepäck möglichst weit vorn befestigt werden. Bei manchen Modellen bietet sich Raum zwischen Sitzbankende und Gepäckträger. Reisetaschen oder Gepäckrollen lassen sich dort gut verstauen. Ein kleines Zelt und zwei Schlafsäcke sollte man darin unterkriegen.

Weitere Aufbauten sind nicht empfehlenswert, will man nicht das

Fahrverhalten drastisch verschlechtern. Die einzige Ausnahme bildet ein Ersatzreifen. Diesen kann man nämlich nur auf dem Maschinenheck unterbringen. Wer solo fährt, wird damit keine Probleme haben. Flach auf den Rücksitz und die Packtaschen gelegt, kann man obendrauf die Campingausrüstung verstauen. Zu zweit ist es schwieriger. Der lästige Gummiring muß aufs Gepäck gelegt werden. So, daß er weder dem Beifahrer ständig ins Kreuz schlägt, noch das Nummernschild oder gar das Rücklicht verdeckt.

Nützliche Dinge, die oft vergessen werden:

● **Fürs Motorrad:** Reserveschlauch fürs Hinterrad, Flickzeug, bei schlauchlosen Reifen ein spezielles Reparaturset, eine Luftpumpe (ein Atü bekommt man selbst mit einer Fahrradpumpe rein und damit kann man bis zur nächsten Tankstelle fahren), gute Montierhebel, Montagefett oder Vaseline, Bindedraht, Tesaband, Ersatzglühbirnen (gibt es als Set in einer praktischen Plastikbox), Putzlappen, kleine Dose Kettenspray (entfällt bei Kardanmaschinen), 1/2-Liter-Flasche Motoröl zum Verschließen (in vielen Ländern bekommt man Mehrbereichsöl nur in 1-Liter-Dosen), Händlerverzeichnis, Plastiktüten, Stranggummis.

● **Fürs Zelten:** kleines Brett für den Seitenständer (die schönsten Zeltplätze liegen oft auf weichen Wiesen), Taschenlampe, Kerze, Streichhölzer, Lappen zum Reinigen des Zeltbodens, Wäscheleine, Rei in der Tube, Mückenspray o.ä..

● **Sonstiges:** Nähzeug, Sicherheitsnadeln, Reisewecker (ganz praktisch, wenn man Fähren oder Sonnenaufgänge nicht verschlafen will), Schreibblock DIN 6, Kugelschreiber, Adressenliste, Ersatzbatterien für die Kamera (im Ausland meist sehr teuer).

Die Campingausrüstung

Motorradfahrer und Bergsteiger haben ein gemeinsames Problem: Sie stellen überdurchschnittliche Ansprüche an ihre Ausrüstung. Bei vielen Dingen sind diese sogar deckungsgleich. So zum Beispiel bei Schlafsäcken und Zelten. Diese sollen extrem leicht sein, ein winziges Packmaß und größtmöglichen Schlafkomfort bieten. Außerdem stellen beide Gruppen hohe Anforderungen an die Strapazierfähigkeit. Aus den genannten Gründen ist es auch einleuchtend, daß man zu Supermarkt-Preisen kein Optimum erwarten darf. Wobei allerdings einige Kaufhäuser und Versandhäuser durchaus passable Leichtzelte anbieten. Dies sind in der Regel aber sogenannte Firstzelte, die mit Recht als veraltet gelten. Nichtsdestotrotz leisten sie im „Einmannbetrieb" gute Dienste. Der günstige Preis wird dafür mit Nachteilen erkauft: First-Konstruktionen machen das Einschlagen von Nägeln (Heringen) notwendig, was keinesfalls immer problemlos ist (Fels, weicher Sand). Außerdem läßt sich das Zelt nach dem Aufbau nicht mehr leicht umstellen. *Veraltete Firstzelte*

Kuppelzelte glänzen durch genau gegenteilige Eigenschaften: Sie stehen auch ohne Nägel sicher und sie lassen sich aufgebaut herumtragen. Was sehr angenehm sein kann, wenn der Untergrund steinig ist. Außerdem lassen sich diese aus den USA stammenden Konstruktionen schnell von nur einer Person aufbauen. Gerade in der Dunkelheit ein enormer Vorteil. Hinzu kommt die Geräumigkeit, die bei identischen Grundflächenmaßen von einem Firstzelt nicht erreicht werden kann. *Praktische Kuppelzelte*

Da es die ideale Faser, die absolut luftdurchlässig und hundertprozentig wasserdicht ist, noch nicht gibt, bestehen fast alle Systeme aus einem Innen- und einem Außenzelt. Wichtig ist, daß zwischen beiden ein Luftpolster ist, so daß sich die durchhängenden Wände nicht berühren. Nur dann ist das Zelt absolut wasserdicht. Beachten sollte man auch den Boden. Dieser ist zwar bei fast allen Herstellern hochgezogen, aber die Nähte sind nicht immer verschweißt. Unbedingt bestehen sollte man auf ein Moskitonetz im Eingang. Denn bei wärmeren Temperaturen ist es praktisch unmöglich, in einem geschlossenen Zelt Schlaf zu finden. Da helfen auch keine „Luken", sondern es muß ganz einfach der Eingang offen bleiben. Vor allem in feuchteren Regionen (an Gewässern, in Skandinavien generell) werden sonst Mücken zu Plagegeistern. *Moskitonetz ist wichtig*

Da das Moskitonetz sich genauso wie der darüberliegende Eingang mit einem Rundum-Reißverschluß schließen läßt, bietet es gleichzeitig auch Schutz gegen größere Insekten und Kriechtiere, für die ja die wenigsten von uns Sympathie entwickeln können. Während mehrerer Nachtlager am krokodilverseuchten Omo-River in Südäthiopien fühlte ich mich hinter dem Fliegennetz sogar vor den gefräßigen Riesenechsen sicher. Wie man sieht, haben die feinen Maschen sogar eine Schutzwirkung. Wenn auch wohl nur psychologischer Art. . .

Schlafsäcke wiegen nicht nur erstaunlich viel, sie nehmen auch ordentlich Platz weg. So gibt es beim Kauf also einige Kriterien zu beachten. Aus eigener jahrelanger Erfahrung komme ich heute zu der Feststellung, daß ich mittlerweile ein ganzes Arsenal an „billigen" Schlafsäcken angehäuft habe, ein einziger wirklich guter aber kaum mehr gekostet und mir sicherlich manch schlafose Nacht erspart hätte. Der Slogan „Wie man sich bettet so schläft man" kann für strapaziöse Motorrad-Abenteuer jedenfalls noch ergänzt werden durch die Feststellung „Wie man schläft so fährt man!"

Im folgenden wollen wir hierfür einen kurzen Überblick geben: Zum Campen in der freien Natur bietet sich zunächst einmal die Mumienform an, die ja vielen von den Militärschlafsäcken her bekannt ist. Sie bietet zwar nicht soviel Platz wie die rechteckige Deckenform, *Mumienform* ist daher aber auch leichter vom Körper aufzuwärmen.
ist wärmer

Als zweites und sicherlich wichtigstes Kriterium muß man die verschiedenen Füllmaterialien unterscheiden. Da ist zunächst mal allzuoft von sogenannten Daunenschlafsäcken die Rede, die sich beim näheren Befühlen sehr schnell nur als Federsäcke entpuppen. Auch die bekannten Armee-Artikel gehören dazu. Ein guter Schlafsack sollte einen Daunenanteil von mindestens 60% enthalten. Der Rest entfällt auf Kleinfedern, die dafür sorgen, daß sich die zarten Daunen leichter aufrichten und somit mehr Luftpolster bilden können. Die Füllmenge (in Gramm) ist der Hauptpreisfaktor bei einem Daunenschlafsack. Wesentlicher Vorteil der Daune — neben der unerreichten Wärmeisolierung — ist das geringe Packmaß. Allerdings sollten hochwertige Schlafsäcke nur dann auf ihr Kleinstformat gepreßt werden, wenn es erforderlich ist. Also keinesfalls zu Hause oder im Auto. Eine weitere *Daunen nicht* positive Eigenschaft der Daune ist die Fähigkeit, Feuchtigkeit
unnötig pressen (Schweiß) zu absorbieren. Ein feuchter Schlafsack hat allerdings nur noch einen geringen Isolierwert. Daher sollte man sich jeden Morgen die Zeit zum Auslüften nehmen.

Weniger Pflege erfordert ein vollsynthetischer Schlafsack. Neben vielen anderen hat er aber vor allem einen Nachteil: Seine Qualität läßt sich vom Laien beim Kauf nur sehr schwer einschätzen. Ob er nämlich ähnliche Dämmwerte wie ein Daunen-Produkt bieten kann, hängt von der Beschaffenheit der verwendeten Kunstfaser ab. Wer auch für kühlere Nächte ausgerüstet sein will, sollte in jedem Fall darauf achten, daß die Füllung aus sogenannten Hohlfasern besteht.

Kunstfaserschlafsäcke sind schwerer als die naturgewachsene Konkurrenz und lassen sich obendrein bei weitem nicht so eng zusammenpressen. Ist dies fürs Packen ein Nachteil, so entpuppt sich die Widerspenstigkeit der Fasern auf hartem und kaltem Boden durchaus als

166

Vorteil: Die vom Körper zusammengepreßten Daunen polstern und isolieren schlechter! Hinzu kommt die „Wartungsfreundlichkeit" der „künstlichen" Produkte, die sich problemlos reinigen lassen und die nässeunempfindlich sind.

Problemlos zu reinigen

Pärchen, die nicht nur auf dem Motorrad ihre Freuden teilen wollen, sollten darauf achten, daß sich die Schlafsäcke aneinanderkoppeln lassen. Fast alle Hersteller haben diese Systeme im Programm.

Selbst die besten Schlafsäcke isolieren nach unten hin schlecht und bieten außerdem kaum eine Polsterung. Aus gesundheitlichen und Komfort-Gründen ist daher noch eine Unterlage notwendig. Grundsätzlich kommen hierfür zwei Systeme in Frage: Luftmatratzen oder Schaum-Matten. Erstere haben den Vorteil, daß sie sich klein zusammenlegen lassen. Richtig aufgeblasen — also nicht knallhart, sondern so, daß man beim Sitzen die Matratze durchdrückt — bieten sie auch den besten Schlafkomfort. Damit sind allerdings schon alle Pluspunkte genannt. Ansonsten bietet die Luftmatratze nur Nachteile. Sie isoliert schlecht gegen Bodenkälte, ist schwer und empfindlich. Irgendwann verliert jede einmal die Luft. Vor allem beim Zelten in der Wildnis sind die „Überlebenschancen" für die Luftkammern nur gering. Backpacker und Trekker bevorzugen daher seit langem die etwa 10 bis 15 Millimeter starken Matten aus festem Schaumstoff. Die Dinger sind praktisch unverwüstlich, federleicht, wasserabstoßend und billig (15 bis 25 Mark). Als optimale Lösung habe ich auf meinen letzten Reisen folgende Kombination entdeckt: Eine von Sport-Berger angebotene amerikanische Mini-Luftmatratze und eine dünne Alu-Thermomatte (z. B. von ESS). Die etwa 140 Mark teure Luftmatratze hat sechs Luftkammern und ist zusammengerollt kaum größer als eine Dose Kettenspray. Trotzdem ist die Liegefläche erstaunlich groß. Die Alumatte dient zur Isolierung und zum Schutz der Luftmatratze.

Mini-luftmatratze

Die Gesundheit

Wer Ferien im Ausland machen will, sollte sich vor Urlaubsantritt mit seiner Krankenkasse in Verbindung setzen. Er erfährt dort, ob und in welchem Umfang er in welchem Land versichert ist. Denn grundsätzlich erstreckt sich der Wirkungsbereich der gesetzlichen Krankenversicherng nur auf das Inland. Die BRD hat jedoch mit verschiedenen Staaten Sozialversicherungsabkommen abgeschlossen. Sie sollen deutschen Touristen im Krankheitsfall die gleichen Rechte wie der Bevölkerung dieser Länder gewähren. Solche Vereinbarungen wurden mit folgenden Ländern getroffen: Belgien, Dänemark, Finnland, Frankreich, Griechenland, Großbritannien, Holland, Irland, Italien, Jugoslawien, Luxemburg, Österreich, Portugal, Rumänien, Spanien, Schweden und Türkei. Für Reisen in diese Länder stellen die Krankenkassen vor Urlaubsbeginn auf Anfrage einen „Internationalen Anspruchsschein" aus, mit dem krankgewordene Touristen dann im Ausland von der dort zuständigen Krankenkasse betreut werden. Die Leistungen richten sich nach den Rechtsvorschriften des Krankenversicherers im jeweiligen Land.

In diesen Ländern zahlt die Krankenkasse

Soweit gut. Aber in einigen Ländern ist der gesetzliche Schutz trotz des bestehenden Sozialabkommens unzureichend. So ist in Finnland, Frankreich, Belgien und Luxemburg eine Beteiligung an den Krankheitskosten vorgesehen. Wer in Österreich krank wird, muß vielfach damit rechnen, daß der österreichische Arzt den deutschen Krankenschein nicht annimmt, sondern Privathonorar verlangt. Es empfiehlt sich deshalb, vor Beginn der Reise das Verzeichnis der Ärzte einzusehen, die gesetzlich Krankenversicherte auf Krankenschein behandeln. Es liegt bei den Krankenkassen aus. Wer nämlich in Österreich als Privatpatient behandelt wurde, erlebt zu Hause nochmals eine Überraschung. Die Krankenkassen in Deutschland erstatten in solchen Fällen nur die Beträge, die sie für eine Behandlung in der Bundesrepublik hätten zahlen müssen.

Selbstbeteiligung in Finnland

In Finnland sieht die Sache ähnlich aus. Das finnische Sozialversicherungssystem sieht eine Eigenbeteiligung des Versicherten am Arzt-Honorar vor. Arzneimittel müssen in Apotheken bis rund DM 5,50 ganz bezahlt werden, sowie 50 % des darüber hinausgehenden Betrages. Bei stationärer Behandlung im Krankenhaus müssen Touristen pro Tag mit etwa DM 10,- bis DM 12,- Benutzungsgebühren rechnen, die nicht erstattet werden.

Bei Krankheit in Spanien benötigt man das von der örtlichen Krankenkasse daheim ausgestellte Formular SP/A 11. Dieses Formular wird dann bei den Dienststellen des spanischen Nationalinstituts für soziale Sicherheit gegen ein Gutscheinheft eingetauscht. Gegen Vorlage des Gutscheinhefts und des Reisepasses ist die medizinische Versorgung im Centro de la Seguridad Social (Ambulanz) durch einen dort zugewiesenen Arzt kostenlos. Freie Arztwahl hat der Versicherte nicht. Auch das Krankenhaus kann sich der Patient nicht selbst aussuchen. Er erhält vielmehr vom behandelnden Arzt einen Vordruck, in dem das Krankenhaus angegeben ist, in dem die stationäre Behandlung durchgeführt werden muß. Sie erfolgt dann kostenlos. Die Selbstbeteiligung bei Medikamenten liegt zwischen 30 und 40 Prozent, je nach Höhe der Rechnung.

Wer in Länder reist, mit denen keine Sozialabkommen getroffen wurden (z. B. Israel, Norwegen, Schweiz, Ostblockstaaten – mit Ausnahme von Rumänien – und die afrikanischen Länder wie z. B. Marokko, Tunesien, Kenia, sowie USA und Kanada), reist ohne Krankenversicherungsschutz. Arzt, Medikamente und Krankenhauskosten müssen aus eigener Tasche bezahlt werden. Gegen Vorlage von Quittungen werden von der jeweiligen Krankenkasse zu Hause dann in der Regel nur die kassenüblichen Sätze erstattet. Das gleiche gilt, wenn man privatärztliche Behandlung in Anspruch nimmt. Eine Auslandsreise-Krankenversicherung hat hier also durchaus ihre Vorteile und kostet auch nicht die Welt. Rund DM 0,60 pro Person und Tag muß man rechnen. Diese Versicherungen sind bei privaten Krankenversicherungen, im Reisebüro und bei den Automobilclubs abzuschließen.

Billige Auslands-Versicherung

Zum Glück selten, aber es passiert dennoch: Ein Tourist erkrankt oder verunglückt im Ausland so schwer, daß eine medizinische Versorgung im Urlaubsland nicht hinreichend gewährleistet werden kann. Eine sofortige Überführung in die Bundesrepublik, zum Beispiel mit dem Rettungsflugzeug, ist nötig. Die gesetzlichen Krankenversicherungen übernehmen diese Kosten nicht. Wer sich also gegen solche Fälle absichern will, muß ebenfalls eine Zusatzversicherung abschließen.

Für Privatversicherte gilt der Versicherungsschutz in ganz Europa einschließlich der Ostblockstaaten. Bei Reisen in außereuropäische Länder und einer Reisedauer von mehr als einem Monat erkundigt man sich am besten vorher, ob ein Beitragszuschlag erhoben wird. Gegebenenfalls lohnt sich auch hier eine zusätzliche Auslands-Krankenversicherung.

Für Autofahrer ist ein Verbandskasten längst Pflicht. Er nimmt im Auto ja auch wirklich nicht viel Platz weg. Anders auf dem Motorrad. Und dennoch sollten Motorradfahrer gerade auf Reisen auf eine speziell bestückte Reiseapotheke nicht verzichten. Die wichtigsten Bestandteile für eine Reise im „zivilisierten" Europa:

Reiseapotheke

Einige Päckchen Mullbinden, Elastik-Binden, Brandwunden-Verbandspäckchen, ein Dreiecktuch, eine kleine Rolle Leukoplast, einige Streifen Pflaster, eine Schere, ein paar Sicherheitsnadeln, eine Brandsalbe (die übrigens auch bei Sonnenbrand hilft), und ein Mittel zur Desinfektion (Jod etc.). Hilfreich ist im Notfall auch eine Salbe zur Schmerzlinderung bei Bienenstichen.

Aus der Hausapotheke sollte man mitführen: Schmerztabletten (bei Kopf- oder Zahnschmerzen) und Kohletabletten gegen Durchfall. Wer gegen Erkältungen o. ä. anfällig ist, sollte zusätzlich entsprechende Tabletten einpacken. All dies läßt sich in einer kleinen Schachtel so verstauen, daß sogar auf dem Motorrad noch Platz dafür ist.

Papiere und Versicherung

Zur Einreise in die meisten europäischen Länder benötigt man heute kein Visum mehr. Ausnahmen bilden nur noch die osteuropäischen Länder: Bulgarien, Polen, Rumänien, Tschechoslowakei und Ungarn, sowie Marokko und Algerien.

In den oben genannten Ländern und zusätzlich zur Einreise nach Jugoslawien, Türkei und Tunesien braucht man einen Reisepaß, während in den übrigen Ländern Europas der Personalausweis genügt. Westberliner müssen in Ostblockstaaten mit dem Personalausweis einreisen.

Neben dem Führerschein ist der Fahrzeugschein unbedingt mitzuführen. Die grüne Versicherungskarte ist empfehlenswert.

Vor der Reise sollte man bei der Krankenkasse eine „internationale Anspruchsbescheinigung" anfordern, mit der man nachweist, daß man gesetzlich krankenversichert ist, und im Ausland behandelt werden kann (siehe auch Kapitel „Gesundheit").

Wer ins Ausland reist, muß sich darüber im klaren sein, daß er im Falle eines Unfalls erheblich mehr Schwierigkeiten hat als hier. Nicht nur, daß die Schadensregulierung komplizierter ist. Es bestehen auch vor allem in südeuropäischen Ländern erhebliche Unterschiede in den gesetzlich vorgeschriebenen Versicherungssummen der KFZ-Versicherung. So beträgt etwa die Deckungssumme bei Personenschäden in Italien knapp DM 38.000,-, in Spanien nur DM 24.000,- und in Griechenland sogar nur noch rund DM 16.000,-. Eine Unfallversicherung ist hier also durchaus angebracht.

Nur geringe Deckungssummen

Auch das Schadenersatzrecht ist ziemlich unterschiedlich. Im allgemeinen muß man bei einem Unfall im Ausland mit geringeren Schadenersatzleistungen rechnen als bei uns. In Portugal und Griechenland etwa werden die Reparaturkosten nur nach den dortigen Werkstattpreisen erstattet, Rechnungen deutscher Werkstätten kurzerhand gekürzt. In Spanien und Großbritannien dagegen besteht überhaupt keine Versicherungspflicht für Sachschäden. Hier kann man u. U. viel Ärger vermeiden, wenn man eine Vollkasko-Versicherung abgeschlossen hat, zumindest für die Dauer der Reise. Auf alle Fälle sollte man gegen Diebstahl der Maschine mit einer Teilkasko-Versicherung gewappnet sein.

Und da Schadenersatzforderungen im Ausland ohnehin meist nur gerichtlich durchzusetzen sind, sollte man auch eine Rechtsschutzversicherung in Erwägung ziehen. *Rechtsschutz*

Was jedoch auf alle Fälle ins Reisegepäck gehört, ist der ADAC-Auslandsschutzbrief. Damit ist gewährleistet, daß nach einem Unfall Fahrer und Motorrad kostenlos heimtransportiert werden. Ein Service, den nicht selten auch „Veteranen"-Liebhaber auf Reisen zu schätzen wissen. Denn auch bei Motorschäden bringt der ADAC die Maschinen auf seine Rechnung zurück. Inzwischen bieten auch viele Versicherungen einen Schutzbrief an.

Zwar wird sie beim Grenzübertritt heute von den meisten europäischen Ländern (Ausnahmen: Spanien, Jugoslawien, Griechenland, Portugal und Osteuropa) nicht mehr gefordert. Dennoch sollte man sie dabeihaben: die grüne Versicherungskarte. Sie ist kostenlos bei der Versicherung erhältlich und enthält die eigene Versicherungsnummer sowie Anschriften der ausländischen Gesellschaften, die bei einem Unfall Regulierungshilfe leisten. Eine KFZ-Haftpflichtversicherung gilt in der Regel in ganz Europa und den Mittelmeerländern. *Grüne Versicherungskarte*

Wenn es zu einem Unfall gekommen ist, gilt folgendes:

1. Lassen Sie den Unfall möglichst von der Polizei aufnehmen.

2. Notieren Sie alle erforderlichen Daten vom Unfallgegner: Name und Anschrift des Lenkers und des Halters, amtliches Kennzeichen, Haftpflichtversicherung und Versicherungsnummer, Anschrift der aufnehmenden Polizeidienststelle, Zeit und Ort des Unfalls. Verwenden Sie dazu nach Möglichkeit den „Europäischen Unfallbericht" (Formulare gibt's bei der Versicherung) und lassen Sie ihn vom Unfallgegner unterschreiben.

3. Sichern Sie Beweismittel: Anschriften von Zeugen, Fotos und Skizzen vom Unfallort und -fahrzeug.

4. Unterschreiben Sie möglichst kein Schriftstück, das in einer Ih-

nen fremden Sprache abgefaßt ist.

5. Informieren Sie unverzüglich die Gesellschaft, die Regulierungshilfe leistet. Alle Versicherer haben Kontaktbüros bzw. Rechtsanwälte in den Reiseländern beauftragt. Die jeweiligen Adressen in Ihrem Reiseland fordern Sie vor der Reise bei Ihrer Versicherung an.

6. Melden Sie jeden Schaden Ihrer Versicherung unverzüglich, damit Sie keine Frist versäumen.

7. Machen Sie Ihre eigenen Ersatzansprüche gegen den Schadenstifter und evtl. gegen seine Versicherung geltend.

8. Informieren Sie Ihre Rechtsschutzversicherung (falls Sie eine abgeschlossen haben).

Probleme in USA und Mexiko Unlösbar ist zur Zeit die Versicherungsfrage, wenn es darum geht, ein in Deutschland zugelassenes Motorrad in den USA oder Mexiko zu versichern. Nach unseren Recherchen erklären sich dazu weder deutsche noch amerikanische Versicherer bereit. Auch der ADAC und der amerikanische Automobilclub wissen keinen Rat. Wer also seine Maschine mit über den großen Teich nehmen will, muß sich damit abfinden, daß er unversichert fährt. Wer drüben allerdings einen Wohnsitz hat, kann die Maschine in Amerika anmelden und damit auch versichern. Für einen durchschnittlichen Urlaub dürfte sich das jedoch kaum rentieren. Da ist es günstiger, ein Motorrad bei einem Händler zu kaufen. In der Regel sorgt er gleich für die Versicherung. Nach Beendigung der Reise kann man nach vorheriger Absprache das Motorrad wieder an den Händler zurückverkaufen.

Telefonieren aus dem Ausland Telefonieren aus dem Ausland nach Deutschland ist heute kein Problem mehr. Telefonzellen für Auslandsgespräche gibt es in jeder größeren Stadt. Nun muß man nur noch die deutsche Vorwahl wissen, dann ist man in Sekundenschnelle mit Freunden oder Verwandten verbunden. Wer zum Beispiel von Belgien aus nach Stuttgart telefonieren will, wählt zunächst 00+49 (die Vorwahl aus Belgien), dann 711 (die Ortsnetzkennzahl Stuttgart ohne die 0 am Anfang), und dann den gewünschten Telefonanschluß. Das Zeichen + bedeutet, daß man zwischen den Zahlen einen Wählton abwarten muß. Bei Tastenapparaten entfällt dies.

Hier die Vorwahlen aus den wichtigsten europäischen Ländern:
Belgien: 00 + 49, Dänemark: 00949, Finnland: 99049, Frankreich: 19 + 49, Griechenland: 0049, Großbritannien: 01049, Irland: 1649 Italien: 0049, Jugoslawien: 9949, Luxemburg: 050, Niederlande: 09+49, Norwegen: 09549, Österreich: 060, Portugal: 0749, Schweden: 00949, Schweiz: 0049, Spanien: 07 + 49, Tschechoslowakei: 0049.

VI. FAHRTECHNIK

Straßenphilosophie

Für Motorradfahrer haben Straßen eine ganz besondere Bedeutung. Sie sind für ihn nicht nur simple strategische Verbindungen, sondern oft auch Selbstzweck. So gibt es viele Strecken, die befahren werden, weil sie für sich eine Dimension des Motorradfahrens eröffnen, nicht etwa weil sie von B nach C führen. Solche Routen können kurvenreiche Bergstraßen, aber durchaus auch schnurgerade Highways sein. Unter den Reifen kann Asphalt kochen, oder Kopfsteinpflaster an ihnen nagen, man kann gierig jede neue Kurve in sich hineinschlingen, wie ein Segelflugzeug hineinsteuern, korrigieren, leicht gegensteuern und wieder aufrichten. Man kann aber auch den frischen oder auch stickigen Fahrtwind am aufrechten oder zurückgelehnten Oberkörper beuteln lassen und mit zusammengekniffenen Augen den Horizont anpeilen. In jedem Fall ist ein Hauch Motorrad-Philosophie dabei.

Einen besonderen Wert beanspruchen „Dirt Roads", wie die Amis sagen. Verstehen kann darunter jeder, was ihm gerade paßt. Sandpisten, Schotterstraßen, Wellblechpisten oder auch die wassergebundenen Straßen des Nordens. In jedem Fall mangelt es an einem festen Belag. Dieser Kategorie sollte sich möglichst niemand ausliefern, der *Schotter kann* dies nicht ausdrücklich so wünscht. Denn als bloße Distanz, als Ab- *zur Qual werden* kürzung etwa, können derartige Pisten zur Qual werden. Man muß schon mit der richtigen Einstellung an sie rangehen, um den Strapazen etwas Positives abgewinnen zu können. Ist man dazu bereit, eröffnen „Dirt Roads" ein völlig neuartiges Erlebnis. Eine Wüste auf einem Asphaltband durchrasen, oder sich auf Sand und Wellblech durchzukämpfen, ist ein ganz elementarer Unterschied. Bergpässe auf sauberen Asphaltkehren überfliegen, oder sie auf Schotter zu erklimmen, bringt ebenfalls eine neue Qualität ins Motorrad-Erlebnis.

Dabei soll hier keine Wertung vorgenommen werden. Jeder soll nach seinen Vorstellungen und Möglichkeiten selig werden. In jedem Fall müssen aber gewisse Voraussetzungen auf dem Weg zur Seligkeit erfüllt werden. Denn eine Reise ist kein Sonntagsausflug. Ein leichter Sturz ohne Handschuhe, eine Reifenpanne ohne Mittelständer oder auch nur ein leerer Benzintank gewinnen „on the road" gleich ganz andere Bedeutung.

Auf Asphalt

Nur blutige Anfänger gehen während ihrer Reise unnütze fahrerische Risiken ein. Touren-Profis zeichnen sich vielmehr durch einen gleichmäßigen und defensiven Stil aus. Das heißt nun nicht, daß man drei oder vier Wochen lang mit 80 durch die Gegend schleichen sollte. Vielmehr ist es ratsam, Tempo und Stil der jeweiligen Streckenführung anzupassen. Klar, daß die meisten von uns so schnell wie möglich „raus" wollen und sich daher gleich auf die nächstgelegene Autobahn „legen" und kräftig Dampf machen. Schließlich will man ja nichts von seinen kostbaren Urlaubstagen verschenken. Da kann man sicherlich auch anderer Meinung sein. Schließlich darf man getrost einen Tag auf der Autobahn eher als „verschenkt" bezeichnen, als zwei Tage auf Landstraßen deutscher Mittelgebirge. Wer diese Erfahrung für sich gemacht hat, für den beginnt der Motorrad-Urlaub schon vor der Haustür.

Trotzdem, gerade für längere Touren an die Peripherie Europas, wo ja viele „biker" das große Abenteuer suchen, bietet sich die Autobahn als notwendiges Übel an. Wie zügig man es hier laufen lassen kann, hängt nicht nur von der Leistung des Motorrads, sondern vor allem auch von den Fahrwerksqualitäten und von Art und Weise der Bepackung ab. Hierzu mehr im Kapitel „Sinnvolles Packen" ab Seite 163.

Auf Schotter und Sand

Wer erstmals den Asphalt unter den Reifen verliert, wird mit überraschenden Problemen konfrontiert. Ein Gefühl der Unsicherheit macht sich breit. Es ist daher gut, wenn man diese Erfahrung nicht gleich mit einer vollbepackten Maschine macht. Man sollte schon zu Hause auf Feldwegen, in Steinbrüchen oder Sandgruben üben. Geländesportfahrer haben es natürlich leichter. Sie haben gelernt, das Motorrad auch auf rutschigem Untergrund zu beherrschen. Eine Erfahrung, die sich auch beim Fahren auf befestigten Straßen bezahlt machen kann. Dann nämlich, wenn man plötzlich einmal auf Sand, Rollsplitt oder Öl gerät.

Grundsätzlich gilt die Regel, daß die Probleme mit dem Fahrzeug-

Gelände-erfahrung macht sich bezahlt

gewicht größer werden. Denn das, was sich beim „offroad-Fahren" abspielt, hat viel mit Kraft zu tun. Solange es nur über kieselartigen Schotter geradeaus geht, kann man es natürlich schlicht und einfach langsam laufen lassen und so Schwierigkeiten aus dem Weg gehen. Doch bergab oder in Kurven sieht das ganze schon anders aus. Hier ist das Fahren nur für denjenigen angenehm, der gelernt hat, mit Gas und Gewichtsverlagerung zu steuern. Hierzu muß man sich erstmal an die Grenze herantasten, um zu wissen, wie das Motorrad hinten ausbricht, wann es vorne wegschmiert, wie es sich bremsen läßt. Nur so – indem man „Ausrutscher" provoziert – verliert man die Angst, spürt, daß ein wegrutschendes Hinterrad noch längst keinen Sturz nach sich ziehen muß.

Mit dem Gasgriff steuern

Hier die wichtigsten Grundregeln: Entspannt und locker sitzen, den Lenker nicht krampfhaft umklammern, sondern das Vorderrad laufen lassen. Das klappt nicht bei allen Motorrädern. Ist der Nachlauf zu kurz (Telegabel zu steil eingebaut) läßt sich das Rad leicht vom Wege abbringen. Die größte Überwindung kostet es, die Füße auf den Fußrasten zu lassen. Fängt man nämlich einmal das Rudern an, überträgt sich die Pendelwirkung der Beine auf das Fahrwerk, und die ganze Fuhre ist nur noch mit äußerster Kraftanstrengung abzufangen. Mit sieben oder acht Zentnern Gesamtgewicht ein hilfloses Unterfangen. Hat man diese Haltung – die man ja von der Straße her gewohnt ist – akzeptiert, können wir an eine grundsätzliche „Umschulung" herangehen. Zeichnet nämlich das Drücken der Maschine meist den unerfahrenen Straßenfahrer aus, so gehört es auf unbefestigtem Untergrund zum guten Ton. Und das nicht nur der Show wegen. Hat man in „Straßenhaltung" größte Schwierigkeiten, sich aus Spurrillen herauszuhalten oder Steine zu umfahren, so kann man die Maschine mit energischem Schenkeldruck spielerisch um Hindernisse herumdirigieren. „Spielerisch" ist das ganze natürlich nur, wenn sich Masse des Fahrers und Masse des Motorrads einigermaßen in Einklang befinden. Je schwächer man gebaut ist, um so mehr muß man mit fahrerischem Können kompensieren.

Hinterrad- bremse ist am wichtigsten

Besonderes Augenmerk gilt auch den Bremsvorgängen. Auch in diesem Punkt muß man von der Straße umdenken. Dort wo es rutschig wird, ist die Hinterradbremse am wichtigsten. Vorne darf nur sehr behutsam und möglichst nur während des stabilen Geradeauslaufs gebremst werden. Wer an Abhängen, in Kurven oder mit eingeschlagenem Vorderrad vorn bremst, liegt fast immer auf der Nase. Um das Tempo auch ohne Bremsen regulieren zu können, empfiehlt sich da-

176

her, stets Getriebestufen zu wählen, in denen der Motor gut am Gas hängt. Dies gilt insbesondere dann, wenn es einmal durch tiefen Sand gehen sollte.

Besonders tückisch sind plötzliche Versandungen auf ansonsten befestigter oder zumindest festgefahrener Straße. Wer hier mit hohem Tempo hineinsegelt, fühlt sich mit Recht wie „auf Eiern". Die Problematik und auch die „Überlebenschance" ist dieselbe, als ob man auf Glatteis geraten wäre. Wenn irgendwie möglich, steigt man noch vor der Weichsandstelle in die Bremsen, um die Geschwindigkeit zu verringern. Aber bitte nicht vergessen, rechtzeitig loszulassen. Im Sand selbst dürfen die Bremsen nicht mehr greifen. Auch runterschalten darf man keinesfalls. Stattdessen heißt es, mit den Knien am Tank, den Füßen auf den Rasten, locker durchzurollen. Man ist meist selbst überrascht, wie problemlos man durchkommt. *Versandungen sind tückisch*

In der Sahara kann diese Notsituation zum Dauerzustand werden. Wer hier glücklich werden will, muß sich mit dem Sand anfreunden. Und das für jeden „Asphalt-Freak" Unglaubliche ist möglich, man kann sogar fast „süchtig" werden. So sehr, daß man sich nicht mehr nur mit schlichten Sandpisten herumschlägt, nein, wer einmal Sand „geleckt" hat – und dabei auch auf dem richtigen Motorrad saß – wird sehr bald zur „härteren Droge" greifen und todesmutig die erstbesten Dünen angehen. Und was hier möglich ist, verdeutlichen die Abbildungen auf den Seiten 140 bis 143.

Aber bleiben wir ruhig auf dem Weg, denn mit einer bepackten Reisemaschine sind Dünenausflüge nicht möglich. Erreicht der Sand eine gewisse Tiefe, so hat das Fahren in ihm durchaus auch etwas mit Mut zu tun. Von da an, wo die Maschine – einmal stehengeblieben – sich nicht mehr aus eigener Kraft rauswühlen kann, heißt die Devise nämlich: Gas, Gas und nochmals Gas! Und das im höchstmöglichen Gang! Tempo ist alles im tiefen Sand. Grundsätze, die für Schlamm oder Schnee gelten, werden einfach auf den Kopf gestellt. Nicht mehr grobstollige Reifen, nicht mehr Drehmoment sind gefragt, sondern breite Aufstandsflächen und hohes Tempo. Denn die Räder suchen vergeblich unter der rutschigen Oberfläche Halt. Sie können sich nirgends festkrallen, um sich dann mit jedem Schlag der Kurbelwelle freizukämpfen; sie müssen stattdessen regelrecht aufschwimmen. *Tempo ist alles im tiefen Sand*

Wie ein Hoovercraft kann so das Motorrad über den Sand pflügen. Einmal verschaltet und die Drehzahl im Keller, schon sinkt das Fahrzeug in den losen Sand. Das hört sich vielleicht einfach an. Ist es aber nicht. Denn das Motorrad ist ein höchst unzulängliches Hoovercraft.

Es neigt immer wieder dazu, sich einzugraben, der Motor scheint immer wieder – wie aus heiterem Himmel – die Puste zu verlieren. Nur ständiges Rauf- und Runterschalten sorgt für den dringend notwendigen Vortrieb. Dabei können Gewichtsverlagerungen von vorn nach hinten – wenn mit Gepäck überhaupt möglich – von Nutzen sein. Theorie bzw. sportliche Praxis nützen allerdings im Sattel eines zweirädrigen Reisemobils wenig, wenn das Risiko eines Sturzes zu groß wird.

Hohes   Es gibt Sandfelder, da läuft unter 100 km/h nichts mehr. Doch mit
Sturzrisiko   Gepäck oder gar Beifahrer kann dieses Tempo lebensgefährlich werden. Man täusche sich da nicht über die Verletzungsgefahr im Sand. Nicht umsonst gehören Querschnittsverletzungen fast schon zum Alltag der Rallye Paris-Dakar. Aber auch eine leichtere Verletzung kann in der Wüste das Ende bedeuten. Da ist es schon besser, die schlimmsten Strecken zu schieben oder die Kupplung zu riskieren. Zum Thema Kupplung ein ganz wichtiger Hinweis: Kupplungsbeläge nehmen nur wenig Platz weg und sie sind bei den meisten Motorrädern leicht auszuwechseln. In jedem Fall findet man unterwegs immer hilfreiche Hände, die wissen wo es langgeht. Nur eins wird leicht vergessen: Die Rückstände des verbrannten Belags finden sich bei Ölbadkupplungen (nicht bei BMW und Moto Guzzi) im Ölkreislauf wieder, wo wichtige Bohrungen verstopft werden können. Sicherheitshalber sollte man also das ganze Motorenöl wechseln und nicht das alte verwenden!

Die richtige Bereifung

Die Reifen beeinflussen das Fahrverhalten eines Motorrads wesentlich stärker als das eines Autos. Gerade vor einer Reise darf man in diesem Punkt keine Kompromisse eingehen. Hinten und eventuell auch vorne gehört ein neuer „Schlappen" drauf. In der Regel reicht das dann auch für die ganze Fahrt, so daß man sich unterwegs einen Reifenwechsel erspart. Eine Prozedur, die nicht nur mit Arbeit zu tun hat, sondern in vielen Ländern in endlose Sucherei ausarten kann. Vor allem Fahrer großer Maschinen haben es da nicht leicht. Wer allerdings mehr als 4000 Kilometer „runterspulen" möchte, wird zumindest bei starken Maschinen einen Wechsel des Hinterradreifens einplanen müssen.

In Skandinavien, aber auch in Spanien und Griechenland, ist es schwierig, 4-Zoll- oder V-Reifen zu bekommen. Es ist daher ratsam, einen von zu Hause mitzunehmen. Es sei aber nicht unerwähnt, daß es eine Menge Fahrer gibt, die auch mit ihrer 750er 6000 bis 8000 Kilometer auf einem Hinterradreifen zurücklegen, ohne gleich auf dem Karkassen-Gewebe nach Hause zu rutschen. Dahinter verbergen sich nicht nur sogenannte Langsamfahrer, sondern schlicht und einfach Genießer, die wissen, wo es lang geht. Ständiges Gasaufreißen und Bremsen, was ja Gummi kostet, sind noch keine Zeichen von Schnelligkeit. Wer sein Motorrad beherrscht, kommt auch ohne Spektakel schnell durch die Kurven, oft sogar schneller, weil das Fahrverhalten nicht durch unnötige Lastwechsel beeinträchtigt wird.

Oft taucht die Frage auf, ob man für die große Tour eine spezielle Bereifung wählen sollte. Dies hängt natürlich vom jeweiligen Reiseziel ab. Auf gut ausgebauten mitteleuropäischen Straßen herrschen kaum andere Bedingungen als zu Hause, so daß sich eine Spezialbereifung erübrigt. Anders sieht es bei abenteuerlichen Fahrten auf alten Gebirgsstraßen, in den hohen Norden oder auf Afrikatouren aus.

Keineswegs sinnvoll ist es, mit extremer Stollenbereifung in die Sahara zu fahren. Wer sich auf Sandpisten wagen will, ist vielmehr mit einem möglichst breiten Niederquerschnittreifen auf dem Hinterrad am besten bedient. Daß dieser schon auf der Anfahrt ordentlich Profil einbüßt, ist sogar von Nutzen. Ist man also hinten mit einem fast abgefahrenen Straßenreifen am besten bedient, bewährt sich auf dem Vorderrad eher ein sogenannter Blockreifen. Rillenprofile können sich leicht zusetzen und damit ihre Seitenführungseigenschaften verlieren.

Keine Stollen für die Sahara

Für wirklich schwierige Passagen sei noch der Standard-Trick der Wüstenfahrer (egal ob Auto oder Motorrad) verraten: Das drastische Senken des Luftdrucks erhöht die Aufstandsfläche erheblich. Allerdings funktioniert dieser Trick nur bei Schlauchreifen, da man ohne Schlauch sonst sehr rasch die ganze Luft verliert. Überhaupt ist man mit Schlauchlos-Reifen in der Wüste aufgeschmissen. Weshalb es ratsam ist, schon von Anfang an mit Schlauch zu fahren.

Mit Schlauch in die Wüste

Auf den Schotterpisten Skandinaviens oder alpenländischer Militärstraßen ist man jedoch mit ordentlichen Stollenreifen gut bedient. Die neue Generation sehr schneller Enduros veranlaßte die meisten Reifenfirmen, hervorragende „Enduro-Reifen" zu konstruieren. Diese bieten ausreichend Griffigkeit im Gelände und trotzdem eine erstaunliche Laufruhe auf der Straße. Sie eignen sich daher durchaus auch für Straßenmaschinen bis 160 km/h.

VII. Fähren

Für Insel-Urlauber sind sie zur lieben Gewohnheit geworden und auch Skandinavien-Fans wissen sie zu schätzen: die Fähren Europas; nicht immer billig, nicht immer komfortabel, aber doch unentbehrlich. Auf den kürzeren Routen, etwa nach Elba oder Sardinien, oder von Dover nach Calais, kommen Motorradfahrer in der Regel auch ohne Vorausbuchung problemlos mit. Auf Schiffen mit Kabinen und bei mehrtägiger Reise ist eine rechtzeitige Buchung im Reisebüro oder bei der Schiffsagentur unerläßlich.

Vor Beginn der Fahrt sollte man sorgsam darauf achten, daß die Maschine gut vertäut im Schiffsbauch steht. Spanngurte und Keile zum Fixieren der Räder finden sich auf jeder Fähre. Das Gepäck kann man in abgeschlossenen Packtaschen oder im Topcase lassen. Tankrucksack und Wertgegenstände nimmt man besser mit.

Es gibt Fährlinien, die bieten bei Kombination mehrerer Fährrouten günstigere Tarife an. So offeriert etwa die TT-Saga-Line für die Finnland-Fahrer die Strecken Travemünde-Malmö (oder Trelleborg) und weiter Stockholm-Helsinki (oder Turku).

Die Viking- und die Stena Line gewähren bei der Kombination einer Strecke Stena Line mit einer Strecke Viking Line Rabatt. Wer also mit der Stena Line die Route Kiel-Göteborg bucht und nach der Durchquerung Süd-Schwedens von Stockholm aus nach Finnland übersetzen will, erhält bei Buchung der Viking Line den Rabatt. Eine Vorausbuchung ist in jedem Falle nötig.

Eine wichtige Adresse für Motorradfahrer, die ihre Maschine per Schiff verfrachten lassen wollen, ist die Polish Ocean Lines in Hamburg (Ost-West-Str. 59, 2000 Hamburg 11, Telefon 040/37050). Diese Firma nimmt auf ihren Frachtschiffen rund um die Welt eine begrenzte Anzahl von Passagieren mit und transportiert gleichzeitig auf dem selben Schiff PKW oder Motorrad.

In der folgenden Tabelle stehen die wichtigsten Fähren Europas mit den nötigen Details. Die Preise gelten nur bis Januar 1989. Wir sind aber der Meinung, daß sie dennoch einen guten Anhaltswert bieten und zur groben Reisekalkulation sehr nützlich sind. Wer die jetzt gültigen Tarife erfahren oder buchen will, wendet sich an ein Reisebüro oder an die jeweilige Reederei-Vertretung in Deutschland:

	Abfahrts- und Ankunftshafen	Abfahrten	Fahrzeit Stunden	Reederei	DM/ Person	DM/ Motorrad
Skandinavien	Esbjerg-Thorshavn	montags	33 1/2	DFDS	326,-	47,-
	Frederikshavn-Göteborg	achtmal täglich	3 1/4	Stena Line	36,-	30,-
	Frederikshavn-Larvik	bis zweimal täglich	6	Larvik Line	56,-	39,-
	Frederikshavn-Moss	täglich	7	Stena Line	68,-	36,-
	Frederikshavn-Oslo	täglich	10	Stena Line	96,-	48,-
	Frederikshavn-Oslo	täglich	11	DA-NO Linjen	40,-	37,-
	Grenaå-Helsingborg/Varberg/Halmstad	mehrmals täglich	4	Lion Ferry	35,-	90,- *1
	Grisslehamn-Eckerö	fünfmal täglich	3	Eckerö Linjen	35,- SEK	frei
	Hanstholm-Seydisfjördur (Island)	viermal monatlich	5 Tage *6	Smyril	496,- *4	150,-
	Hanstholm-Seydisfjördur (Island)	Zusatzfahrt: 27.8.1988	60	Smyril	372,- *4	113,-
	Hanstholm-Thorshavn (Färöer)	viermal monatlich	34	Smyril	335,-	92,-
	Helsingør-Helsingborg	alle 20 Minuten	25 Min.	DSB	–	18,- *2
	Hirtshals-Bergen	zweimal wöchentlich	19	Fred. Olsen Lines	102,-	57,-
	Hirtshals-Kristiansand	mehrmals täglich	4 1/2	Fred. Olsen Lines	52,-	43,-
	Hirtshals-Oslo	viermal wöchentlich	9	Fred. Olsen Lines	54,-	36,-
	Hirtshals-Stavanger	zweimal wöchentlich	12	Fred. Olsen Lines	80,-	43,-
	Kapellskär-Mariehamn	zweimal täglich	3 1/2	Viking Line	14,-	9,-
	Kiel-Göteborg	täglich	14	Stena Line	132,-	52,-
	Kiel-Langeland	dreimal täglich	2 1/2	Langeland-Kiel	8,-	20,- *1
	Kiel-Oslo	täglich	19 1/2	Jahre Line	210,-	60,-
	Kopenhagen-Oslo	täglich	16	DFDS	116,-	34,-
	Lübeck-Helsinki	zweimal wöchentlich	36	Poseidon	400,- *3	70,-
	Lübeck-Turki	zweimal wöchentlich	36	Poseidon	400,- *3	70,-
	Mariehamn-Naantali	zweimal täglich	6	Viking Line	23,-	
	Puttgarden-Rødby	stündlich	1	DSB	–	28,- *2
	Sassnitz-Rønne	Sa., So.	4	SJ	46,-	80,- *1
	Sassnitz-Trelleborg	fünfmal täglich	4	SJ	23,-	46,- *1
	Stockholm-Helsinki	täglich	15	Finnjet-Silja	80,-	20,-
	Stockholm-Helsinki	täglich	15	Viking Line	75,-	18,-
	Stockholm-Mariehamn	täglich	6	Finnjet-Silja	20,-	10,-
	Stockholm-Turku	zweimal täglich	11	Finnjet-Silja	50,-	20,-
	Stockholm-Turku	zweimal täglich	11	Viking Line	45,-	18,-
	Travemünde-Gdansk	wöchentlich	19	Polferries	160,-	35,-
	Travemünde-Gedser	sechsmal täglich	3 1/2	GT Link	–	33,- *2
	Travemünde-Helsinki	dreimal wöchentlich	24	Finnjet-Silja	230,-	70,-
	Travemünde-Rønne	samstags	10	Polferries	160,-	35,-
	Travemünde-Swinoujscie	wöchentlich	12	Polferries	100,-	35,-
	Travemünde-Trelleborg	mehrmals täglich	7-9	TT-Line	86,-	17,- *8
	Turku-Mariehamn	täglich	5 1/2	Finnjet-Silja	30,-	20,-
Großbritannien und Irland	Aberdeen-Lerwick (Shetland Islands)	fünfmal wöchentlich	14	P & O	98,-	44,-
	Aberdeen-Stromness (Orkney Islands)	wöchentlich	8	P & O	70,-	44,-
	Boulogne-Dover	sechsmal täglich	1 3/4	P & O	44,-	46,-
	Boulogne-Dover	sechsmal täglich	1/2	Hover Speed	47,-	51,-
	Boulogne-Folkestone	sechsmal täglich	2	Sealink	44,-	43,-
	Cairnryan-Larne	sechsmal täglich	2	P & O	42,-	42,-
	Calais-Dover	15mal täglich	1 1/4	P & O	44,-	46,-
	Calais-Dover	23mal täglich	1/2	Hover Speed	47,-	51,-
	Calais-Dover	18mal täglich	1 1/2	Sealink	44,-	43,-
	Cherbourg-Portsmouth	viermal täglich	5-7	P & O	75,-	46,-
	Cherbourg-Portsmouth	dreimal täglich	4 3/4	Sealink	74,-	49,-
	Cherbourg-Rosslare	dreimal wöchentlich	17	Irish Ferries	190,-	90,-
	Cherbourg-Weymouth	zweimal täglich	4	Sealink	74,-	49,-
	Dieppe-Newhaven	viermal täglich	4	Sealink	58,-	42,-
	Dünkirchen-Ramsgate	fünfmal täglich	2 1/2	Sally Line	44,-	32,-
	Esbjerg-Harwich	täglich	15	DFDS	221,-	47,-
	Esbjerg-Newcastle	dreimal wöchentlich	19	DFDS	200,-	47,-

Die angegebenen Preise gelten für die preisgünstigste Fahrmöglichkeit während der Hochsaison (Juli/August) 1988, jeweils die einfache Fahrstrecke. Studentenermäßigungen etc. sind nicht berücksichtigt. Diese Tabelle erhebt keinen Anspruch auf Vollständigkeit.
*1: inkl. Fahrer;   *2: inkl. Fahrer und Beifahrer;   *3: inkl. Kabine und Verpflegung;   *4: inkl. Liege oder Mehrbett-Kabine;   *5: bei Motorrädern unter 500, 350, 250 bzw. 125 ccm Ermäßigung;   *6: zwei Zwischenübernachtungen auf den Färöern;   *7: diverse Zwischenstops;   *8: Sondertarif 1 Motorrad, 2 Personen DM 120,-.

	Abfahrts- und Ankunftshafen	Abfahrten	Fahrzeit Stunden	Reederei	DM/ Person	DM/ Motorrad
Großbritannien und Irland	Fishguard-Rosslare	zweimal täglich	3 1/2	Sealink	82,-	43,-
	Hamburg-Harwich	viermal wöchentlich	19 1/2	DFDS	159,-	56,-
	Heysham od. Liverpool-Douglas	täglich	4	Isle of Man Steam Packet	21,- £	19,- £
	Hoek van Holland-Harwich	zweimal täglich	6-8	Sealink	80,-	40,-
	Holyhead-Dublin	zweimal täglich	3 1/2	B+I Line	64,-	40,-
	Holyhead-Dun Laoghaire	zweimal täglich	3 1/2	Sealink	80,-	43,-
	Le Havre-Cork	donnerstags	20 1/2	Irish Ferries	190,-	90,-
	Le Havre-Portsmouth	dreimal täglich	6-7	P & O	75,-	46,-
	Le Havre-Rosslare	dreimal wöchentlich	20	Irish Ferries	190,-	90,-
	Liverpool-Belfast	zweimal täglich	9	Belfast Ferries	98,-	48,-
	Liverpool-Dun Laoghaire	täglich	9	Sealink	130,-	50,-
	Oostende-Dover	achtmal täglich	4	P & O	44,-	46,-
	Pembroke-Rosslare	zweimal täglich	4	B+I Line	64,-	40,-
	Roscoff-Cork	täglich	13	Britanny Ferries	165,-	55,-
	Roscoff-Plymouth	mehrmals täglich	6	Britanny Ferries	87,-	18,-
	Scrabster-Stromness (Orkney Islands)	dreimal täglich	2	P & O	26,-	28,-
	Stranraer-Larne	neunmal täglich	2 1/4	Sealink	40,-	45,-
	Stromness-Lerwick (Shetland Islands)	wöchentlich	7	P & O	64,-	44,-
	Vlissingen-Sheernees	zweimal täglich	7	Olau Line	65,-	36,-
	Zeebrügge-Dover	sechsmal täglich	4 1/2	P & O	44,-	46,-
	Zeebrügge-Felixstowe	zweimal täglich	5-8	P & O	52,-	50,-
Mittelmeer	Algeciras Tanger	mehrmals täglich	2 1/2	Trasmediterranea	42,-	40,-
	Almeria-Melilla	dreimal wöchentlich	6 1/2	Trasmediterranea	32,-	46,- *5
	Ancona-Dubrovnik	dienstags	15	Adriatica	109,-	48,-
	Ancona-Dubrovnik-Patras	wöchentlich	35	Strintzis Lines	80,-	43,-
	Ancona-Heraklion	wöchentlich	55	Marlines	138,-	74,-
	Ancona-Kusadasi	wöchentlich	68	Marlines	172,-	92,-
	Ancona-Korfu-Igoumenitsa-Patras	fünfmal wöchentlich	33	Marlines	86,-	46,-
	Ancona-Korfu-Igoumenitsa-Patras	fünfmal wöchentlich	30	Minoan Lines	90,-	46,-
	Ancona-Korfu-Igoumenitsa-Patras	fünfmal wöchentlich	34	Strintzis Lines	86,-	46,-
	Ancona-Patras	viermal wöchentlich	32	Karageorgis Lines	100,-	46,-
	Ancona-Patras-Heraklion	wöchentlich	55	Marlines	138,-	74,-
	Ancona-Rhodos/Bodrum	wöchentlich	83/92	Med. Sun Lines	685,- *3	frei
	Ancona-Split	sechsmal monatlich	9	Adriatica	94,-	43,-
	Ancona-Split	dreimal wöchentlich	8	Strintzis Lines	80,-	43,-
	Ancona-Zadar	dreimal monatlich	7	Adriatica	87,-	39,-
	Ancona-Zadar	dreimal wöchentlich	7	Jadrolinija	87,-	39,-
	Bar-Igoumenitsa	wöchentlich	15 1/2	Jadrolinija	66,-	63,- *5
	Barcelona-Mallorca/Menorca/Ibiza	täglich	8	Trasmediterranea	69,-	66,- *5
	Bari-Korfu-Igoumenitsa	täglich	11	Ventouris Ferries	60,-	35,-
	Bari-Dubrovnik	fünfmal wöchentlich	8	Adriatica	94,-	43,-
	Bari-Patras	jeden 2. Tag	20	Ventouris Ferries	70,-	40,-
	Bonifacio-S. Teresa	fünfmal täglich	1	Navarma	17,-	20,- *5
	Brindisi-Korfu-Igoumenitsa	täglich	8/10	Adriatica	116,-	44,-
	Brindisi-Korfu-Igoumenitsa	täglich	11	Fragline	100,-	80,-
	Brindisi-Korfu-Igoumenitsa	täglich	10 1/2	Hellenic Med. Lines	116,-	42,-
	Brindisi-Patras	bis zweimal täglich	17	Adriatica	138,-	58,-
	Brindisi-Patras	täglich	20	Fragline	100,-	90,-
	Brindisi-Patras	täglich	19	Hellenic Med. Lines	138,-	58,-
	Cadiz-Teneriffa/Lanzarote	wöchentlich	42/66	Trasmediterranea	281,-	71,- *5
	Dubrovnik-Korfu/Igoumenitsa	dreimal wöchentlich	17/20	Jadrolinija	88,-	69,-
	Genua-Palermo	dreimal wöchentlich	22	Grandi Traghetti	126,-	152,- *5
	Genua-Porto Torres	täglich	11	Tirrenia	52,-	47,-
	Genua-Tunis	bis fünfmal monatlich	24	Habib	230,- *4	109,- *5
	La Spezia/Livorno/Pto. S. Stefano-Bastia	mehrmals täglich	4-5	Corsica Ferries	53,-	86,-
	La Spezia/Livorno-Bastia	mehrmals täglich	5/4	Navarma	47,-	55,- *5
	Livorno-Bastia	viermal täglich	3 3/4	Corsica Ferries	47,-	62,-
	Livorno-Olbia	täglich	9	Navarma	53,-	115,- *5
	Livorno-Olbia	zweimal täglich	7	Sardinia Ferries	80,-	115,-
	Livorno-Palermo	dreimal wöchentlich	18	Grandi Traghetti	122,-	147,- *5

Abfahrts- und Ankunftshafen	Abfahrten	Fahrzeit Stunden	Reederei	DM/ Person	DM/ Motorrad
Marseille-Algier	mehrmals wöchentlich	20	SNCM	220,-	128,-
Marseille-Korsika	bis dreimal täglich	9-10	SNCM	71,-	73,-
Marseille-Oran	bis viermal monatlich	26 1/2	SNCM	246,-	128,-
Marseille-Tunis	bis siebenmal monatlich	24	Habib	254,- *4	105,-
Marseille-Tunis	mehrmals wöchentlich	22 1/4	SNCM	223,-	105,-
Neapel-Palermo	täglich	10	Tirrenia	63,-	47,- *5
Nizza-Korsika	bis viermal täglich	5-6	SNCM	59,-	67,-
Otranto-Korfu-Igoumenitsa	täglich	10	Roana Line	85,-	37,-
Pescara-Split	täglich	8	Adriatica	94,-	43,-
Piombino-Portoferraio	zwölfmal täglich	1	Navarma	15,-	43,- *5
Piombino/Pto. S. Stefano-Bastia	täglich	3/4	Navarma	47,-	55,- *5
Piräus-Alexandria	alle 8 Tage	33	Adriatica	385,- *4	155,-
Piräus-Chania	viermal wöchentlich	12	Minoan Lines	32,-	18,-
Piräus-Chania/Heraklion	täglich	11	Anek	32,-	18,-
Piräus-Haifa	neunmal monatlich	60	Afroessa Lines	147,-	107,-
Piräus-Haifa	wöchentlich	58 1/2	Stability	147,-	107,-
Piräus-Istanbul	wöchentlich	19	British Ferries	300,- *3	100,-
Piräus-Istanbul/Kusadasi-Katakolon	wöchentlich	19+23	British Ferries	540,- *3	150,-
Piräus-Limassol	neunmal monatlich	45	Afroessa Lines	94,-	68,-
Rijeka-Bar	wöchentlich	27	Jadrolinija	64,-	83,- *5
Rijeka-Igoumenitsa	dreimal wöchentlich	40	Jadrolinija	109,-	105,- *5
Saloniki-Heraklion	täglich	11	Anek	57,-	29,-
Savona-Bastia/Calvi	je dreimal wöchentlich	8/6	Corsica Ferries	59,-	64,-
Sete-Oran	bis viermal monatlich	24 1/2	SNCM	246,-	128,-
Sete-Palma/Ibiza	zweimal wöchentlich	16/22	Trasmediterranea	118,-	137,- *5
Sete-Tanger	bis achtmal monatlich	38	Marrakech	290,- *3	200,- *5
Toulon-Korsika	mehrmals monatlich	7-8	SNCM	71,-	73,-
Triest-Split	zweimal wöchentlich	32	Adriatica	94,-	43,-
Triest-Zadar	zweimal monatlich	21	Adriatica	87,-	39,-
Venedig-Alexandria *7	bis viermal monatlich	88	Adriatica	700,- *4	215,-
Venedig-Heraklion	bis viermal monatlich	61	Adriatica	415,- *4	140,-
Venedig-Istanbul/Kusadasi *7	wöchentlich	63/88	British Ferries	700,- *3	120,-
Venedig-Istanbul/Kusadasi *7	wöchentlich	63/89	Orient-Express	720,- *3	130,-
Venedig-Izmir	wöchentlich	62	Turkish Maritime	325,-	95,-
Venedig-Piräus	bis viermal monatlich	48	Adriatica	315,- *4	105,-
Venedig-Piräus	wöchentlich	39	Orient Express	500,- *3	100,-
Venedig-Split	sechsmal monatlich	15	Adriatica	94,-	43,-
Venedig-Zadar	alle 10 Tage	10 1/2	Adriatica	87,-	39,-

(Seitenbeschriftung vertikal: Mittelmeer)

Reederei-Vertretungen

Adriatica, Britanny Ferries, Minoan Lines, Navarma: Seetours International, Seilerstr. 23, 6000 Frankfurt 1, Tel. 069/1333262.
Afroessa Lines, British Ferries, Fragline, Corsica Ferries, Hellenic Med. Lines, Marlines, Roana Line, Sardinia Ferries, Stability Line, Strintzis Lines, Turkish Maritimes, Ventouris Ferries: Viamare, Apostelnstr. 9-11, 5000 Köln 1, Tel. 0221/234911, oder: Schützenstr. 8, 8000 München 2, Tel. 089/555765.
Anek: Geo-Reisen, Eschersheimer Landstraße 69, 6000 Frankfurt 1, Tel. 069/550401.
Belfast Ferries, Irish Ferries, Lion Ferry: Karl Geuther, Martinistr. 58, 2800 Bremen 1, Tel. 0421/1760289.
B+J Line, Orient Express, P & O, Smyril: J.A. Reinecke, Hohe Bleichen 11, 2000 Hamburg 36, Tel. 040/351951.
DA-NO Linjen, Havnen, DK-

9900 Frederikshavn, Tel. 0045/8/426233.
DFDS Deutschland, Jessenstr. 4, 2000 Hamburg 50, Tel. 040/389030.
DSB/DB Vogelfluglinie, Fährhafen, 2448 Puttgarden, Tel. 04371/2618.
Eckerö Linjen, S-76045 Grisslehamn, Tel. 0046/175/30160.
Finnjet-Silja Line, Zeißstr. 6, 2400 Lübeck 1, Tel. 0451/5899222.
Fragline, Karageorgis Lines: Hellas Orient, Kaiserstr. 11, 6000 Frankfurt, Tel. 069/2980911.
Fred. Olsen Lines: Norwegische Schiffahrtsagentur, Kleine Johannisstr. 10, 2000 Hamburg 11, Tel. 040/376930.
Grandi Traghetti, Jadrolinija: DER, Eschersheimer Landstr. 25-27, 6000 Frankfurt, Tel. 069/1566344.

GT Link, Skandinavienkai, 24 Lübeck-Travem., Tel. 04502/8050.
Habib, Marrakech, SNCM, Tirrenia: Karl Geuther, Heinrichstr. 9, 6000 Frankfurt, Tel. 069/730471.
Hover Speed, Sealink: Sealink, Oststr. 122, 4000 Düsseldorf 1, Tel. 0211/3613021.
Isle of Man Steam Packet Seaways, Imperial Buildings, GB-Douglas/Isle of Man, Tel. 0044/624/72468.
Jahre Line: Fast Reisen, Alstertor 21, 2000 Hamburg 1, Tel. 040/309030.
Langeland-Kiel: Zerssen & Co., Oslokai, 2300 Kiel, Tel. 0431/3017250.
Larvik Line: Reisebüro Norden, Ost-West-Str. 70, 2000 Hamburg 11, Tel. 040/363211.
Med. Sun Lines: Aphrodite Kreuzfahrten, Weinstr. 6, 8000 München 2, Tel. 089/222715.
Olau Line, Mattenwiete 8, 2000 Hamburg 11, Tel. 040/36011, oder: Immermannstr. 54, 4000 Düsseldorf 1, Tel. 0211/353388.
P & O, Graf-Adolf-Str. 41, 4000 Düsseldorf 1, Tel. 0211/387060.
Polferries, Poseidon: Poseidon Schiffahrt, Große Alteefähre 20/22, 2400 Lübeck 1, Tel. 0451/15070.
Sally Line, Neue Mainzer Str. 22, 6000 Frankfurt 1, Tel. 069/236798.
SJ: Schwedisches Reisebüro, Joachimstaler Str. 10, 1000 Berlin 15, Tel. 030/8821516.
Stena Line, Schwedenkai 1, 2300 Kiel, Tel. 0431/9090.
Trasmediterranea: Melia, Große Bockenheimer Str. 54, 6000 Frankfurt 1, Tel. 069/295303.
TT-Line, Mattenwiete 8, 2000 Hamburg 11, Tel. 040/3601488.
Viking Line, Breite Str. 81, 2400 Lübeck, Tel. 0451/71241.

DIE WICHTIGSTEN FÄHREN EUROPAS

VIII. Organisierte Reisen

Der Boom der letzten Jahre brachte eine völlig neue Spezies von Reiseveranstaltern hervor: Anbieter von organisierten Motorradreisen. Heute ist das Angebot nur noch schwer zu überschauen, zumal die Fluktuation in dieser Branche sehr groß ist. Waren es anfangs nur die Fernziele zum Träumen, entdeckte man mit der Zeit auch heimatliche Gefilde, die den Tourenfahrern in Gruppenreisen schmackhaft gemacht werden sollen. Und siehe da, die Nachfrage entwickelte sich stärker als bei den Fernreisen, die den meisten doch zu teuer sind. In jedem Fall hielten sich nur die Reisebüros, die sich durch faire Leistung das Vertrauen ihrer Kunden verdienten.

Was bringt nun Leute dazu, ihre Motorradreise mit einer geführten Gruppe durchzuführen? Sind dies alles Spießer oder „Halbblinde", die auf der Landkarte keine Eisenbahnlinie von einer Nebenstraße unterscheiden können? Wer derartige Vorurteile hat, sollte erst einmal selbst Erfahrungen mit dieser Art des Reisens machen. Sie hat nämlich durchaus handfeste Vorteile. Natürlich nicht für die ausgeprägten Globetrotter-Typen und auch nicht für „eingefahrene" Motorrad-Cliquen. Dafür aber für gesellige Typen, die einfach in ihrem Freundeskreis keine Motorradfahrer haben, oder für „alte" Führerscheinbesitzer, die wieder neu anfangen, und vor allem auch für Anfänger, denen die Gruppe Sicherheit gibt.

Hauptzielgruppe der Veranstalter sind auch Leute, die stark im Berufsleben eingespannt sind, und die keine Zeit zur Planung und Vorbereitung haben. Sie haben die Garantie, in wenigen Tagen ein konzentriertes Motorrad-Erlebnis zu „erfahren" – ohne lästige Hotelsuche, ohne langweilige Straßenhetze, ohne Angst vor Pannen. Selbst ausgesprochene Individualisten müssen den Reiseleitern zugestehen, daß sie einem Strecken zeigen, die man alleine in so kurzer Zeit nie entdecken würde. *Für Leute mit wenig Zeit*

Einer der erfolgreichen Pioniere der Branche, der deutsche Volker Beer, ist leider nicht mehr aktiv. Sein Unternehmen „Western Adventures" offerierte wunderschöne Touren durch den Südwesten der USA und durch Mexico auf Leihmaschinen. Beer kapitulierte schließlich vor den immens gestiegenen Versicherungskosten für vermietete Motorräder, hatte aber wohl auch selbst ein wenig die Lust am Betrieb verloren. Ebenfalls aufgegeben hat die Firma Double B's, die in der letzten Aufla-

185

ge dieses Buches noch genannt wurde.

Dafür gibt es einige neue Anbieter im Amerika-Geschäft. Die Extratour GmbH in Neukirchen-Vluyn bietet geführte Reisen durch den Westen Kanadas mit Leihmotorrädern. Wer auf eigene Faust fahren möchte, findet bei Moturis Deutschland in Tübingen ein reichhaltiges Angebot an Mietmotorrädern, die an verschiedenen Standorten in den USA und in Kanada übernommen werden können. Kombinierte Zelt/Motel-Touren mit BMW R 80 RT kann man bei red eagle bike travels/Bernd Heilig in Stuttgart buchen.

Auf die größte Erfahrung können mittlerweile die Firmen Motorrad Reisen, München, und Edelweiß Bike Travel, Mieming/Österreich, verweisen. Sie bieten Reisen zu den verschiedensten Zielen an. In der Regel fahren die Teilnehmer mit ihren eigenen Maschinen, auf Anfrage gibt es aber auch Mietmöglichkeiten. Zu den Knüllern von Motorrad Reisen gehörten in den letzten Jahren Teneriffa und die Volksrepublik China. Edelweiß fuhr dafür 1988 als erster in die Sowjetunion. Beide Firmen sind dafür bekannt, daß sie großen Wert auf lukullische Genüsse legen. Europäische Kulturlandschaften, wie Provence, Elsaß oder Toskana gehören daher zum Standardprogramm. Die Kundschaft rekrutiert sich in erster Linie aus weniger motorraderfahrenen Leuten, die im Berufsleben eingespannt sind, und das organisierte Gruppenerlebnis zu schätzen wissen. Entsprechend hoch ist auch der Anteil an Stammkunden. Wer sich mit dem Motorrad austoben möchte, ist hier fehl am Platze, wird sich eher langweilen.

Doch auch abenteuerlustige Endurofahrer finden passende Angebote. So lotst Explo-Tours, München, Afrikafans durch Wüste und Busch, während sich Thomas Troßmann unter dem Namen „Wüstenfahrer" (Baldham bei München) ganz auf die Zentral-Sahara spezialisiert hat. Nach Ägypten, wo XT 500 bereitstehen, lockt Sahara Cross/Jürgen Greif in Neu-Ulm. Die Firma Bike Tours, Kirchhundem, verfügt über mehrjährige Australien-Erfahrung, wurde zuletzt aber auch in den USA aktiv. Nach Norwegen, Marokko und in die Türkei führt das Programm von Tilch-Spezial-Touren in Fröndenberg.

Wer sich über das aktuelle Angebot ausführlicher informieren möchte, findet im redaktionellen und im Anzeigenteil der Zeitschrift „Tourenfahrer" die genauen Anschriften der Firmen. Aufgrund der Fluktuation in dieser Branche würden detailliertere Angaben den Rahmen dieses Buches sprengen.

IX. Literaturhinweise

Großer Alpenstraßenführer, Denzel Verlag, 432 Seiten, 48 teils farbige Abbildungen, 112 Kartenskizzen, DM 36,–, ISBN 3-85047-1.

*

ADAC-Reiseführer: Alpenpässe Alpenstraßen, ADAC-Verlag, 272 Seiten, 12 s/w-Abbildungen, 1 Straßenkarte beigefügt, DM 19,80, ISBN 3-87003-180-8.

*

Großer Motorradführer Schweiz, Orell Füssli-Verlag, 124 Seiten, 18 s/w-Abbildungen, 11 Detailkarten, 1 Straßenkarte beigefügt, sfr. 18,80 (erhältlich über: Photoglob AG, Grubenstraße 37, CH-8045 Zürich).

*

Därr/TCS: Durch Afrika, Band 9 der Reihe „Globetrotter schreiben für Globetrotter", Därr Expeditions-Service GmbH, 340 Seiten, 19 Karten und Skizzen, DM 35,–, ISBN 3-921497-11-6.

*

Thomas Troßmann: Motorrad Reisen zwischen Urlaub und Expedition, 326 Seiten, DM 29,80, erschienen in der Reihe „Reise Know-how".

Werner Rockstroh: USA – Der Südwesten, DuMont Kunst-Reiseführer, 336 Seiten, 145 teils farbige Abbildungen, 118 Zeichnungen und Pläne, DM 28,–, ISBN 3-7701-1030-7.

*

Roland Kiemle: Wildwest-USA, Abenteuer-Almanach, Umschau-Verlag, 212 Seiten, 51 s/w-Abbildungen und zahlreiche Zeichnungen, DM 19,80, ISBN 3-524-66011-VIII.

*

Jim Hunter: Abseits der Straßen/Baja California, deutsche Übersetzung von „Offbeat Baja", Müller-Stauch-Verlag, 270 Seiten, 8 Karten, 15 s/w-Abbildungen, DM 22,–, ISBN 3-922592-04-X.

*

Rogge/Leverkus: Handbuch für Motorradreisen, Motorbuch Verlag, 308 Seiten, 124 teils farbige Abbildungen, einige Karten und Skizzen, DM 36,–, ISBN 3-87943-769-6.

*

Reiner H. Nitschke: Reisen mit dem Motorrad, new book edition/Motorbuch Verlag, 144 Seiten, 93 meist großformatige Farbabbildungen, 6 Kartenskizzen, Sonderausgabe DM 29,–, ISBN 3-87943-727-0.

X. Adressen

Camping- und Fernreiseausrüster

Darr Expeditions-Service GmbH
Theresienstr. 66
8000 München 2
Telefon: 089/28 20 32
(Campingausrüstung)

Hobbyt
Nieder Kirchweg 7
6230 Frankfurt 80
Telefon: 069/39 90 65

Fjällräven
8033 Martinsried
Telefon: 089/8 57 50 81
(Campingausrüstung)

Larca Sportartikel GmbH
Lutherstr. 83
7060 Schorndorf
Telefon: 07181/2 10 76
(Campingausrüstung)

Salewa
Thalkirchner Str. 47
8000 München 15
Telefon: 089/76 77 08
(Campingausrüstung)

Sport-Berger
Münchner Str. 88-90
8047 Karlsfeld
Telefon: 08131/9 80 51
(Campingausrüstung)

Tesch Globetrott-Zentrale
Karlsgraben 69
5100 Aachen
Telefon: 0241/3 36 36
(Fernreiseausrüster)

Tourenbekleidung

ALNE-Motorrad-Lederbekleidung
Römerstr. 13
8751 Niedernberg
Telefon: 06028/8402

Brabetz Belstaff-Import
Falkensteinweg 8
6238 Hofheim/Taunus
Telefon: 06192/64 44

Difi Dierk Filmer
Postfach 1220
2930 Varel 1
Telefon: 04451/1 24 00

Fackelmann KG
Am Hänisgraben 27
6110 Dieburg
Telefon: 06071/2 56 18

Harro GmbH & Co KG
7271 Rohrdorf
Telefon: 07452/6 60 55

Hein Gericke
Hammer Str. 21
4000 Düsseldorf 1
Telefon: 0211/3 90 31

Krawehl
Große Bleichen 32
2000 Hamburg 36
Telefon: 040/78 15 06

Polo Versand Service
Freiheitsstr. 250
4060 Viersen 1
Telefon: 02162/2 90 40

Raberg Ledermoden
Poststr. 6
4450 Lingen
Telefon: 0591/3468

Tourenzubehör

Hepco & Becker GmbH
Birkenstraße
6781 Höhfröschen
Telefon: 06334/20 52
(Gepäckträger und Seitenkoffer,
Topcase, Fettkettenkasten)

Schwarz-Denfeld
Postfach 250180
5600 Wuppertal 2

Telefon: 0202/66 18 61
(Gepäckträger und
Seitenkoffer)

ES-Motorradzubehör
Holzhauser Str. 42
8262 Neuötting
Telefon: 08671/2 00 26
(Gepäckträger und
Seitenkoffer)

Krauser GmbH
Hörmannsbergerstr. 18
8905 Mering 9
Telefon: 08233/1053
(Gepäckträger und Seitenkoffer)

Werner Reinschlüssel
Falkenstr. 6
7403 Ammerbuch 2
Telefon: 07073/64 88
(größere Tanks)

JF MotorSport
Städter Weg 9
6360 Friedberg
Telefon: 06031/90 71
(Gepäckträger und Seitenkoffer,
Scheiben)

Schuh GmbH
Mönchhofstr. 24
6000 Frankfurt 1
Telefon: 069/73 02 51
(Gepäckträger und Seitenkoffer,
Verkleidungen)

Tesch Globetrott-Zentrale
Karlsgraben 69
5100 Aachen
Telefon: 0241/3 36 36
(größere Tanks und Expeditions-
packtaschen)

Fremdenverkehrsbüros

Ägypten: Ägyptisches Fremdenverkehrsamt, Kaiserstr. 64, 6000 Frankfurt, Telefon: 069/25 21 53.

Australien: ATC Australian Tourist Commission, Neue Mainzer Str.
22, 6000 Frankfurt, Telefon: 069/
23 50 71.

Belgien: Belgisches Verkehrsamt,
Berliner Allee 47, 4000 Düsseldorf,
Telefon: 0211/32 60 08.

Dänemark: Dänisches Fremdenverkehrsamt, Glockengießerwall 2,
2000 Hamburg 1, Telefon: 040/
32 78 03.

Finnland: Finnisches Fremdenverkehrsamt, Georgsplatz 1, 2000
Hamburg 13, Tel: 040/32 24 43.

Frankreich: Französisches Fremdenverkehrsamt, Kaiserstr. 12, 6000
Frankfurt, Telefon: 069/74 05 51.

Griechenland: Griechische Zentrale für Fremdenverkehr, Neue
Mainzer Str. 22, 6000 Frankfurt, Telefon: 069/23 65 61.

Großbritannien: Britische Zentrale für Fremdenverkehr, Neue Mainzer Str. 22, 6000 Frankfurt, Telefon:
069/23 80 70.

Irland: Irische Fremdenverkehrs-
zentrale, Untermainanlage 7, 6000
Frankfurt, Telefon: 069/23 33 41.

Island: Isländisches Fremdenverkehrsamt, Brönnerstr. 11, 6000
Frankfurt 1, Telefon: 069/28 55 83.

Israel: Staatliches Israelisches Verkehrsbüro, Westendstr. 4/III, 6000
Frankfurt, Telefon: 069/720157.

Italien: Staatliches Italienisches
Fremdenverkehrsamt ENIT, Berliner Allee 26, 4000 Düsseldorf, Telefon: 0211/13 22 31.

Jugoslawien: Jogoslawisches Fremdenverkehrsamt, Goetheplatz 7,
6000 Frankfurt, Telefon: 069/
2 07 98.

Kanada: Kanadisches Fremdenverkehrsamt, Biebergasse 6-10, 6000
Frankfurt, Telefon: 069/28 01 57.

Marokko: Staatliches Marokkani-
sches Fremdenverkehrsamt, Graf-
Adolf-Str. 59, 4000 Düsseldorf, Telefon: 0211/37 05 51.

Mexiko: Staatliches Mexikanisches
Verkehrsamt, Wiesenhüttenplatz
26, 6000 Frankfurt, Telefon: 069/
25 34 13.

Niederlande: Niederländisches
Büro für Tourismus, Laurenzplatz
1-3, 5000 Köln, Telefon: 0221/
23 62 62.

Norwegen: Norwegisches Fremdenverkehrsamt, Hermannstr. 32,
2000 Hamburg, Telefon: 040/
32 76 51.

Österreich: Österreichische Frem-
denverkehrswerbung, Roßmarkt
12, 6000 Frankfurt, Telefon: 069/
2 06 98.

Portugal: Portugiesisches Touri-
stik-Amt, Kaiserstr. 66, 6000 Frankfurt, Telefon: 069/23 40 97.

Schweden: Schwedische Touristik
Information, Glockengießerwall 2-4,
2000 Hamburg 1, Telefon: 040/
33 01 85.

Schweiz: Schweizer Verkehrsbüro,
Kaiserstr. 23, 6000 Frankfurt, Telefon: 069/25 60 01 34.

Spanien: Spanisches Fremdenverkehrsamt, Bethmannstr. 50-54,
6000 Frankfurt, Telefon: 069/
28 27 82.

Türkei: Türkisches Informations-
büro, Baseler Str. 35-37, 6000 Frankfurt, Telefon: 069/23 30 81.

Tunesien: Fremdenverkehrsamt
Tunesien, Am Hauptbahnhof 6,
6000 Frankfurt, Telefon: 069/
23 18 91.

USA: Fremdenverkehrsamt der
USA, Bethmannstr. 56, 6000 Frankfurt, Telefon: 069/29 52 11.

Register

191

Die farbigen Sachbücher

GIGANTEN DER LANDSTRASSE

Dieses Buch erzählt von den Abenteuern am Steuer der Riesen-Trucks und gibt einen Einblick in die faszinierende Technik der Diesel-Bullen. Zahlreiche, größtenteils farbige Fotos zeigen die schönsten Trucks aus Amerika, Europa und Australien.

Format 26 x 21,5 cm quer, 128 Seiten, gebunden, DM 32,—, ISBN 3-879 43-835-8

REISEN MIT DEM MOTORRAD

Australien, Norwegen, Deutschland, Amerika, Provence und Sizilien heißen die sechs Reiseziele, die in authentischen Reportagen und mit faszinierenden, meist doppel-seitigen, Farbfotos vorgestellt werden. Aufmachung und Fotografie fanden Anerkennung weit über die Motorrad-Fachpresse hinaus. Jetzt liegt dieser wertvolle Bildband als überarbeitete Sonderausgabe vor.

Format 21 x 28 cm, 140 Seiten, Paperback-Sonderausgabe, DM 29,—, ISBN 3-87943-727-0

Exklusiv-Vertrieb durch den Motorbuch Verlag · Stuttgart

new book edition